TERESA MARIA MACHADO BORGES

ENSINANDO A LER SEM SI-LA-BAR

ALTERNATIVAS METODOLÓGICAS

2ª edição
Uberaba-2024

Revisão: Cristiane Rufeisen Scanavini

Diagramação e capa: Carlos R. Moura

FICHA CATALOGRÁFICA
(Preparada na Editora)

Borges, Teresa Maria Machado
    Ensinando a ler sem silabar: Alternativas metodológicas / Teresa
Maria Machado Borges - 2. ed., Uberaba, MG : 2024.
    152p.; 13,97x21,59

ISBN: 978-65-00-96070-9

    1. Escrita 2. Leitura 3. Leitura – Compreensão I. Título.
II. Série

98-0500   CDD-418.407

Índices para catalogação sistemático:
1. Leitura: Ensino: Linguística 418.407

Aos meus pais, Ney e Teresinha, por terem me proporcionado, desde a infância, a convivência com atos de leitura significativa.

Sobre a autora

Teresa Maria Machado Borges é Pedagoga, especialista em Psicologia da Educação e mestre em Educação pela Universidade Federal de Uberlândia, com dissertação acerca de distorções no processo de Alfabetização.

Professora universitária desde 1972.
Na Universidade de Uberaba e no Centro de Ensino Superior de Uberaba, coordenou o Curso de Pedagogia dessas instituições e lecionou as disciplinas Psicologia da Educação, Educação Infantil, Alfabetização e Metodologia do Ensino de Matemática, estendendo esse trabalho aos cursos de capacitação de professores e a eventos científicos na área da educação.

Palestrante e docente em Cursos de Especialização em Psicopedagogia, com disciplinas voltadas para a avaliação diagnóstica e intervenção nas áreas de Alfabetização e Matemática no Ensino Fundamental.

Trabalha, ainda, em cursos de pós-graduação com a capacitação pedagógica de profissionais de diferentes áreas.

Autora dos livros "A Criança em Idade Pré-escolar", Ed. Ática 1994 (reeditado pela Ed. Vitória 2003) e "Alfabetização Matemática – do diagnóstico à intervenção", Ed. Vitória 2009, reeditado e disponível em formato digital pela Amazon.

PREFÁCIO

A partir da década de 1970, os estudos sobre a leitura, no Brasil, começaram a tomar o caráter de investigação científica, impulsionados pelos avanços da Psicologia Cognitiva e das Ciências da Linguagem. Desvendar os processos subjacentes à leitura e à escrita, como também explicar as variáveis históricas, socioculturais e metodológicas da chamada *crise da leitura,* passou a ser o objetivo de vários pesquisadores de diferentes áreas do conhecimento. A leitura tornou-se também objeto de discussão de numerosos congressos, cursos de capacitação de professores e de publicações diversas.

É nesse contexto que surge nosso interesse pelos processos de ensino e de aquisição da língua escrita, origem motivadora deste trabalho.

Desde a década de 80, temos atuado na formação de professores para a educação infantil e anos iniciais, nos Cursos de Pedagogia e em projetos de capacitação desses profissionais nas diferentes redes do ensino. Pudemos, assim, acompanhar as preocupações desses educadores, decorrentes da tomada de consciência dos questionamentos feitos ao modelo de sua prática pedagógica, por estudiosos de diferentes áreas do conhecimento.

De modo especial, em relação ao ensino da língua escrita, os avanços dos estudos multidisciplinares, e a sua divulgação entre esses professores, passaram a suscitar-lhes dúvidas quanto à eficácia de sua metodologia na formação de sujeitos capazes de utilizarem a linguagem escrita, nas múltiplas situações funcionais do seu cotidiano. Em outras palavras, de demonstrarem um *letramento* no seu processo de imersão nas práticas sociais.

Diante dessa situação, temos buscado compreender o processo de mudança nas práticas educativas dos professores alfabetizadores, a partir do seu contato com esses referenciais teóricos.

Em nossas observações, temos percebido que essas transformações têm se manifestado, de modo especial, na substituição da cartilha tradicional por diferentes portadores de textos presentes no meio social, tais como jornais, revistas, embalagens, rótulos etc e pela estimulação de uma aprendizagem ativa, com maiores possibilidades de expressão oral e escrita.

Por outro lado, a nossa observação dessa realidade tem nos mostrado, também, que juntamente com essas práticas alternativas, ainda convive, como herança da escola tradicional, a conhecida prática da *oralização da escrita*, isto é, *da leitura através da transformação dos sinais gráficos em sons da fala* – mesmo quando o objetivo dessa leitura não está ligado a uma comunicação do texto para alguém que não o possue ou para aquele que não sabe ler.

Acreditamos que tal procedimento metodológico de *oralização do texto* tem sido ainda utilizado sistematicamente como recurso de ensino e de avaliação da competência do leitor aprendiz. Este, ao *dar a lição* ao professor, tenta ler pela decodificação *em voz alta* das sílabas da palavra, num processo lento e, a nosso ver, pouco compreensível.

Consideramos tal situação um problema a ser amplamente discutido com os educadores, exatamente por acreditarmos que a origem e as funções da linguagem escrita no passado provavelmente condicionaram a valorização dessa prática nas escolas, o que não se sustenta pelos estudos atuais sobre as estratégias de leitura, as competências do leitor e a ampliação das funções da língua escrita no mundo moderno.

Os registros históricos do longo caminho percorrido pela humanidade na construção e na expansão da escrita mostram que a organização do sistema alfabético caminhou dos registros iniciais por meio do desenho para aqueles que não mais representavam diretamente o objeto, mas *os sons da fala.*

Outros dados históricos registram que a aprendizagem da leitura esteve, na Antiguidade e na Idade Média, estreitamente ligada à oratória, razão pela qual a oralização do texto precisava ser prioritariamente ensinada.

Tais constatações permitem-nos inferir que se escrever passou a significar "transformar o oral no escrito", também o ato de ler poderia ser entendido como o movimento inverso: "transformar o escrito no oral". Ensinar a ler significou, nessa ótica, ensinar o mecanismo de *falar o texto*, ou seja, de passar os olhos lentamente pelas linhas escritas, pronunciando sílaba por sílaba.

Pesquisas atuais, como as da Neurociência, têm indicado que a interação do leitor com o texto, a qualidade e a fluidez da leitura, bem como a apreensão do sentido, não se dão como fruto do significado literal das palavras e sentenças ou do agregado de sílabas na palavra. Insistem, assim, que nem a leitura oralizada, nem a leitura silenciosa podem garantir, por si sós, a compreensão do conteúdo. Entretanto, o mecanismo articulatório da leitura em voz alta poderá, especialmente para os leitores aprendizes, descentralizar a energia e a concentração necessárias à atribuição de significado.

Tal como no passado, muitos professores alfabetizadores continuam insistindo na estratégia de vocalização da escrita em seus procedimentos metodológicos. Nesse sentido, este nosso estudo se orientou pela pergunta:

"por que os professores alfabetizadores continuam priorizando a vocalização do texto como forma de ensino e de avaliação da leitura?

Tal questão – a vocalização do texto – baseou-se empiricamente nas observações das práticas pedagógicas dos alfabetizadores, tanto daqueles tidos como representantes da escola tradicional, quanto dos chamados *construtivistas*. Somaram-se a essas observações, concepções teóricas baseadas nos estudos da Psicolinguística e da Psicologia Cognitiva. Tais estudos vieram reforçar a necessidade de se garantir, desde cedo, a formação de estratégias de leitura que possam levar à interação dinâmica e inteligente do leitor com o texto, na reconstrução de significados.

No sentido de demonstrar essa concepção de leitura e, consequentemente, de ensino da leitura, os capítulos que se seguem trazem, inicialmente, uma abordagem sobre o estudo científico da alfabetização, nas últimas décadas, a fim de justificar a necessidade e a contemporaneidade do tema apresentado nesta publicação.

Em defesa da proposta metodológica, discutida especialmente nos capítulos finais, é apresentada uma fundamentação teórica, direcionada para um estudo das relações entre pensamento e linguagem, complementado por uma reflexão sobre as estratégias de leitura e a função da leitura em voz alta na história e nos métodos de ensino.

Ainda, em defesa dessa proposta metodológica alternativa, o capítulo relativo à concepção de leitura na ótica dos alfabetizadores relata resultados da pesquisa com professores da rede pública de ensino e busca demonstrar a necessidade de um trabalho pedagógico voltado para a formação de professores, que possa capacitá-los para a promoção de um ensino da leitura desvinculado do processo sistemático de *silabação* e que garanta tanto o espaço da *leitura silenciosa* na escola, como o resgate da função social da *leitura em voz alta*.

Sumário

1

A PRODUÇÃO DO CONHECIMENTO ACERCA DA LEITURA NAS ÚLTIMAS DÉCADAS

Os últimos 30 anos têm sido marcados, no Brasil, por uma multiplicidade quantitativa e qualitativa de estudos e pesquisas relacionados ao ensino e à aprendizagem da leitura e da escrita.

Para Zilberman e Silva[1],

> *"foi em meio à década de 70 que, no Brasil, a leitura foi alçada à condição de um campo delimitado de investigação teórica e metodológica".*

Esse fato pode ser justificado sob um duplo aspecto: de um lado, os estudos e pesquisas ligados às Ciências da Linguagem e à Psicologia Cognitiva, realizados em diferentes países, vieram permitir uma compreensão multifacetada da leitura e da própria alfabetização; de outro, a constatação de uma *crise de leitura,* no Brasil, motivando a busca de propostas alternativas de

---

1   ZILBERMAN, Regina e SILVA, Ezequiel T. da (orgs.). *Leitura – Perspectivas interdisciplinares*. São Paulo, Ática, 1988.

ensino da linguagem escrita, com base nas recentes descobertas daquelas ciências.

Franchi[2] e Soares[3] concordam, entretanto, que o aumento significativo desses estudos ocorreu, de modo especial, a partir da década de 80, refletindo o movimento internacional de busca de uma compreensão científica e multidisciplinar do ato de ler e do ato de ensinar a ler.

Assim, a partir dessa década, começou a ser divulgado internacionalmente o trabalho pioneiro de Emília Ferreiro sobre os processos de aquisição da linguagem escrita em crianças pré-escolares argentinas e mexicanas - *psicogênese da língua escrita* - , levantando fundadas suspeitas em relação à eficácia dos métodos tradicionais de alfabetização. Apoiada em teorias psicolinguísticas e assumindo a perspectiva da epistemologia genética piagetiana, Ferreiro[4]

---

2   FRANCHI, Eglê P. *Pedagogia da alfabetização – Da oralidade à escrita*. São Paulo, Cortez, 1989.

3   SOARES, Magda B. *Alfabetização no Brasil – O estado do conhecimento*. Brasília, Inep/Reduc, 1991.

4   FERREIRO, Emília. *Reflexões sobre a alfabetização*. São Paulo, Cortez, 1985.
          _________. *Alfabetização em processo*. São Paulo, Cortez, 1986.
          _________. *Os filhos do analfabetismo – Proposta para a alfabetização escolar na América Latina*. Porto Alegre, Artes Médicas, 1990.
          _________. *Com todas as letras*. São Paulo, Cortez, 1992.

passa a trazer, assim, uma grande contribuição à compreensão do processo assimilativo das crianças quanto aos aspectos funcionais e estruturais da linguagem escrita.

Simultaneamente às pesquisas de Emília Ferreiro, outros estudiosos trouxeram a sua contribuição. Da década de 1970, merecem ser lembrados, dentre outros, os estudos psicolinguísticos de Kenneth Goodman[5] e Frank Smith[6] nos Estados Unidos, bem como, os de Jean Foucambert[7] na França, acerca das estratégias de leitura.

Da década de 80, merecem destaque, exatamente por representar a tendência moderna de embasar as propostas metodológicas de ensino da língua escrita na compreensão da própria linguagem e dos processos psicolinguísticos do sujeito leitor:

FERREIRO, Emília e TEBEROSKY, Ana. *Psicogênese da língua escrita*. Porto Alegre, Artes Médicas, 1985.

5   GOODMAN, Kenneth. "O processo de leitura: Considerações a respeito das línguas e do desenvolvimento". *In:* FERREIRO, E. e PALACIO, M.G. (orgs.). *Os processos de leitura e escrita – Novas perspectivas*. Porto Alegre, Artes Médicas, 1987.

6   SMITH, F. *Compreendendo a leitura – Uma análise psicolingüística da leitura e do aprender a ler*. Porto Alegre, Artes Médicas, 1989.

7   FOUCAMBERT, Jean. *A leitura em questão*. Porto Alegre, Artes Médicas, 1989.

- os estudos sobre a estratégia de predibilidade em lectoescrita realizados por Jerome Harste e Carolyn Burke, nos Estados Unidos;

- as pesquisas de Maria C. Grompone, no Uruguai, relativas às dificuldades de leitura de crianças e adultos;

- os trabalhos de Hermine Sinclair, na Suíça, sobre o desenvolvimento da escrita numa perspectiva psicogenética;

- os estudos sobre a influência da escola no aprendizado da leitura por John Downing, no Canadá.

Tais trabalhos, apresentados no Simpósio Internacional sobre Novas Perspectivas nos Processos de Leitura e Escrita, acontecido no México em 1981, são relatados na obra organizada por Ferreiro e Palacio[8].

Nesse contexto, não se pode deixar de registrar, também, as pesquisas de Ana Teberosky, na Espanha, tanto aquelas realizadas em colaboração com Emília Ferreiro[9], quanto as voltadas para a dimensão

---

8   FERREIRO, Emília e PALACIO, Margarita G. (orgs.). *Os processos de leitura e escrita – Novas perspectivas*. Porto Alegre, Artes Médicas, 1987.

9   FERREIRO, Emília. *Reflexões sobre a alfabetização*. São Paulo, Cortez, 1985.

pedagógica do ensinar a ler e a escrever, publicadas juntamente com Cardoso[10] e, ainda, o seu trabalho junto a professores na construção de uma pedagogia da linguagem escrita na perspectiva construtivista[11].

De grande importância são, também, o estudo de Eveline Charmeux[12] sobre a questão do fracasso escolar e sua relação com o domínio da leitura e o trabalho de J. Jolibert[13] sobre a formação de crianças leitoras e produtoras de textos, ambos realizados na França.

No campo da historiografia da alfabetização, e sua relação com os fatores socioculturais, devem

__________. *Alfabetização em processo*. São Paulo, Cortez, 1986.
__________. *Os filhos do analfabetismo – Proposta para a alfabetização escolar na América Latina*. Porto Alegre, Artes Médicas, 1990.
__________. *Com todas as letras*. São Paulo, Cortez, 1992.
FERREIRO, Emília e TEBEROSKY, Ana. *Psicogênese da língua escrita*. Porto Alegre, Artes Médicas, 1985.

10 TEBEROSKY, Ana e CARDOSO, B. *Psicopedagogía del lenguage escrita*. Barcelona, Ediciones IME, 1989.

11 TEBEROSKY, Ana. *Aprendendo a escrever – Perspectivas psicológicas e implicações educacionais*. São Paulo, Ática, 1994.

12 CHARMEUX, Eveline. *Aprender a ler: Vencendo o fracasso*. São Paulo, Cortez, 1994.

13 JOLIBERT, Josette. *Formando crianças leitoras*. Porto Alegre, Artes Médicas, 1994a.
__________. *Formando crianças produtoras de textos*. Porto Alegre, Artes Médicas, 1994b.

ser lembrados os trabalhos de Harvey J. Graff[14], nos Estados Unidos, e os de Antonio Viñao Frago[15], na Espanha.

Esses estudos e pesquisas em âmbito internacional refletiram, como era de se esperar, nas produções científicas voltadas para a leitura e a alfabetização, no Brasil.

O trabalho desenvolvido por Magda Soares[16] apresenta um amplo inventário dessas produções, no período de 1954 a 1986. Dirigindo sua pesquisa para o que denominou de *conhecimento em construção*, Soares examinou um total de 109 artigos, publicados em 21 periódicos brasileiros da área de educação, naquele período, e um total de 75 trabalhos acadêmicos, entre teses e dissertações, abrangendo o período de 1961 a 1986. O ano escolhido para início do levantamento refere-se àquele no qual a autora pôde identificar o primeiro trabalho da categoria pesquisada.

---

14 GRAFF, Harvey J. *Os labirintos da alfabetização – Reflexões sobre o passado e o presente da alfabetização*. Porto Alegre, Artes Médicas, 1994.

15 FRAGO, Antonio V. *Alfabetização na sociedade e na história*. Porto Alegre, Artes Médicas, 1993.

16 SOARES, Magda B. *Alfabetização no Brasil – O estado do conhecimento*. Brasília, Inep/Reduc, 1991.

O trabalho realizado por Soares permite perceber a evolução do estudo científico da alfabetização, com destaque, entre outros aspectos, para os seguintes dados:

- o aumento quantitativo e qualitativo das pesquisas sobre a alfabetização a partir da década de 1970 e, de modo especial, a partir dos anos 80;

- uma progressiva ampliação de enfoques e perspectivas sob os quais o fenômeno alfabetização é estudado, demonstrando tanto o avanço do conhecimento nesse campo, quanto sua apropriação por ciências que anteriormente não haviam se interessado por ele;

- a presença prioritária das categorias "Métodos de Alfabetização" e "Proposta Didática", entendidas como estudos e pesquisas voltados para o como alfabetizar. Sob a categoria "Métodos de Alfabetização" se encontram os estudos que buscam demonstrar a superioridade de um determinado processo metodológico de alfabetização, centralizado em um modelo de cartilha como recurso instrucional; já a categoria "Proposta Didática" reúne aqueles estudos que apresentam um novo paradigma didático, tendo em vista descrever ou analisar experiências alternativas de alfabetização.

Nesse sentido, a autora mostra o decréscimo quantitativo dos estudos sobre "métodos" acompanhado do aumento das pesquisas relativas às propostas alternativas de ensino da linguagem escrita.

Uma provável explicação para este fato decorre da constatação de que o fracasso da escola em ensinar maciçamente a língua escrita não foi superado apesar das inúmeras propostas de métodos, centralizadas ora em procedimentos analíticos, ora em procedimentos sintéticos. Soma-se a esse fato a influência do movimento construtivista, embasado nos estudos da Psicolinguística e da Psicologia Cognitiva, com seus questionamentos quanto às *receitas metodológicas* de alfabetização;

- quanto ao tema "Prontidão para alfabetização" - segundo em frequência no inventário realizado por Soares - ficou evidenciado que, embora abrangendo um número significativo de trabalhos nas décadas de 1950 e 1960, este tema passou a apresentar um decréscimo no interesse dos pesquisadores, nas décadas de 1970 e 1980. A diminuição desse interesse entre os estudiosos decorreu, provavelmente, e tal como no caso dos métodos tradicionais de alfabetização, da divulgação das pesquisas sobre a psicogênese da língua escrita, desenvolvidas principalmente por Emília Ferreiro. Essas, ao insistirem na importância da interação funcional da criança com a língua escrita, substituem o conceito tradicional de prontidão (centralizado em um rol de habilidades perceptivas e motoras) pelo conceito de assimilação progressiva através da interação da criança com os diferentes usos da linguagem escrita nas práticas sociais;

- quanto ao tema "Dificuldades de Aprendizagem", o mesmo apresenta, também, um decréscimo em relação ao interesse dos estudiosos, a partir da década de 1980. Soares esclarece que, nesses últimos anos, os trabalhos ligados às dificuldades de aprendizagem da leitura e da escrita apresentam uma visão marcadamente crítica. Eles trazem questionamentos ligados ao próprio conceito de dificuldades de aprendizagem e buscam deslocar as causas dessas dificuldades, das condições internas do aprendiz para as condições metodológicas do próprio ensino ou para os determinantes socioeconômicos e culturais;

- de forma semelhante, os trabalhos ligados ao tema "Determinantes de Resultados", isto é, os estudos que indicam, descrevem ou investigam fatores responsáveis pelo sucesso ou fracasso da criança na alfabetização, também diminuem percentualmente a partir dos anos 80. Nesse aspecto, merece destaque o fato de, apenas a partir desta década, os fatores *nível socioeconômico* e *nutrição* figurarem entre as possíveis condições determinantes dos resultados da alfabetização, o que permite inferir sobre as mudanças conceituais que começam a surgir;

- diferentemente dos temas citados nos itens anteriores, os estudos relativos à "Concepção de Alfabetização" e à "Conceituação da Língua Escrita pela Criança" são próprios das últimas décadas, de modo especial, a partir dos anos 80. A concepção de alfabetização passa a ser um tema relevante no momento em que novas perspectivas de análise vêm questionar as concepções tradicionais. Nesse sentido, os estudos da Psicolinguística e da Psicologia Cognitiva permitem uma nova compreensão dos processos de descoberta das funções e da estrutura da língua escrita pela criança;

- os trabalhos relacionados à "Caracterização do Alfabetizador", bem como aqueles sobre a "Formação do Alfabetizador", são predominantemente produzidos a partir dos anos 80. Tais produções buscam determinar as competências deste educador, com base em observações realizadas na escola ou em aplicações de práticas alternativas de alfabetização. Ao discutir as lacunas na formação do professor alfabetizador, alguns desses estudos insistem na necessidade de que conhecimentos de Linguística e de Psicolinguística sejam incluídos nos programas voltados para a capacitação desse profissional;

- o tema "Cartilha" representa apenas 5% dos textos examinados por Soares. Esses textos são direcionados para a análise de aspectos linguísticos, gráficos e metodológicos desse material. Concentram-se nas obras publicadas a partir da década de 1980, e representam a contribuição de várias ciências ao estudo do tema, trazendo, de modo especial, uma crítica aos materiais instrucionais de ensino da língua escrita segundo os métodos tradicionais de alfabetização;

- a questão da "Avaliação" no processo de ensino-aprendizagem da língua escrita é pouco frequente nas produções científicas inventariadas. Esses estudos, ora propõem instrumentos de medida do nível de alfabetização (testes, escalas, critérios), ora discutem problemas suscitados pelo próprio processo avaliativo;

- os dois temas com menor frequência entre as produções examinadas por Soares relacionam-se à questão do tipo de letra a ser utilizado na alfabetização - "Letra cursiva/letra de forma" - e à "Literatura para Alfabetizandos". O primeiro reflete, mais uma vez, o pensamento crítico diante das metodologias tradicionais. Nessas, o ensino da escrita tende a priorizar a letra cursiva em detrimento da letra de forma, presente nos materiais gráficos do mundo moderno. Quanto à literatura para alfabetizandos, a consciência de sua importância tem aparecido refletida mais intensamente em produções *para* essa população, do que em estudos *sobre* a ligação dessa área com o processo de alfabetização, segundo depoimentos daquela autora;

- as abordagens mais diretamente ligadas às questões linguísticas apresentam temas voltados para as relações "Língua oral/Língua escrita" e "Sistema fonológico/Sistema ortográfico" representando, respectivamente, 3% e 5% do material examinado. Quanto ao primeiro, os estudos discutem as relações entre a estrutura e os usos da língua oral e a aprendizagem da língua escrita; ou ainda, a capacidade de reflexão metalinguística e suas implicações na alfabetização. O tema "Sistema fonológico/ Sistema ortográfico", presente também nas produções pós-80, encontra-se dividido entre aqueles que analisam o processo de transferência da forma sonora da fala para a forma gráfica da escrita (relação fonema/grafema), os que focalizam o processo de construção do sistema ortográfico pela criança e, ainda, os que utilizam critérios linguísticos para analisar criticamente os textos de orientação didática destinados ao professor alfabetizador.

Segundo Soares[17]:

---

17 SOARES, Magda B. *Alfabetização no Brasil – O estado do conheci-*

> *"As baixas porcentagens de textos sobre os temas língua oral/língua escrita e sistema fonológico/sistema ortográfico indicam que estudos e pesquisas sobre o objeto do conhecimento no processo de alfabetização – a língua escrita, suas relações com a língua oral – se apresentam como insuficientes, na produção acadêmica e científica desse período, apesar de fundamental importância atribuída, atualmente, a essa questão, para a compreensão do processo de alfabetização."*

As conclusões de Soares justifica, assim, a contemporaneidade e a necessidade do estudo que se buscará apresentar na presente publicação.

Do exposto, conclusões preliminares permitem afirmar que, tradicionalmente, a pedagogia da leitura se preocupou muito mais com o **ensino** do que com a **aprendizagem**, ou seja, com as questões ligadas à transmissão e com os procedimentos do professor, não inserindo em seus estudos, as questões relativas aos processos de assimilação pelo aprendiz.

---

mento. Brasília, Inep/Reduc, 1991.

Assim, entre os séculos XVI e XIX foram experimentados os mais diferentes métodos de alfabetização, ora centralizados em procedimentos sintéticos, isto é, tendo como ponto de partida as unidades da língua (letra, som ou sílaba), ora em procedimentos analíticos, iniciando com palavras, frases ou textos. Identificar o "método milagroso" que pudesse assegurar aos alfabetizadores, com garantia de sucesso, os passos formais do ensino da língua escrita, era (e continua sendo, muitas vezes) o sonho dos educadores e dos estudiosos da alfabetização.

Na primeira metade do século XX, os avanços da Psicologia, bem como a sua organização como ciência, começaram a provocar mudanças na temática das pesquisas voltadas para o ensino e a aprendizagem da língua escrita.

De um lado, a Psicologia Associacionista e a ampla divulgação da teoria behaviorista, nos Estados Unidos, criaram o que se denominou de "cientificismo" na educação, atingindo, como era de se esperar, a própria alfabetização. Continuando e aprimorando o enfoque tradicional, centralizado na "questão do método", chegou-se a uma tecnologia do ensino da leitura, caracterizada:

- pelo aperfeiçoamento das cartilhas, em forma de materiais quantitativa e qualitativamente controlados, que iniciavam com exercícios preparatórios para a fase pré-escolar, seguindo por etapas, com sequência e vocabulário predeterminados;

- por exercícios preparados para a fixação das habilidades, avaliadas por meio de um programa de testes.

A grande produção desses materiais instrucionais nos Estados Unidos, tidos como cientificamente preparados, atingiu o Brasil, que também buscou *aprimorar* suas cartilhas. O resultado foi o aumento do controle sequencial das *lições*, acompanhado do empobrecimento quanto ao número de palavras utilizadas e à qualidade linguística dos textos.

Por outro lado, a difusão da Psicologia do Desenvolvimento, ocorrida também na primeira metade do século XX, provocou mudanças na própria concepção de infância, instalando nos meios educacionais uma maior atenção com os procedimentos assimilativos da criança.

Reflexos dessas mudanças conceituais começaram a surgir, e se intensificaram nos anos posteriores, em pesquisas e estudos com claros questionamentos sobre as concepções tradicionais relativas às estratégias de leitura e aos procedimentos metodológicos utilizados para ensiná-las.

Nesse sentido, os estudos ligados à Psicologia Cognitiva, de modo especial às pesquisas fundamentadas na Teoria Psicogenética, trouxeram uma inegável contribuição. Esses estudos provocaram a substituição do enfoque mecanicista, impresso ao processo de alfabetização pela Psicologia Associacionista, por um enfoque construtivista, dirigindo a atenção para o processo de aprendizagem, e não exclusivamente para o método de ensino.

De modo especial, nas últimas décadas do século XX, as Ciências da Linguagem passaram a incluir, de forma cada vez mais intensa, questões ligadas à aprtendizagem da leitura e da escrita. Neste sentido, a Psicolinguística, articulando o conhecimento da língua com os estudos sobre o sujeito psicológico, ampliou consideravelmente as informações existentes, até então, sobre o ato de ler e sobre as complexas relações entre o pensamento e a linguagem.

Também no campo das Ciências da Linguagem, os trabalhos da Sociolinguística contribuíram para que se modificasse a concepção da existência de um déficit linguístico nas crianças oriundas das camadas populares, para a concepção de diferença linguística, ou seja, de diferenças dialetais que não impedem a aprendizagem, desde que a escola aprenda a lidar com essas diferenças, sem marginalizar aquele tipo de aluno.

Completando essa visão panorâmica das contribuições das diferentes ciências à compreensão do "ato de ler e de ensinar a ler" não se pode deixar de registrar o papel atual da Neurociência. De modo especial a partir da última década, tais estudos vieram complementar as pesquisas da Psicologia Cognitiva, ao ampliar a compreensão das redes neurais nas aprendizagens, dentre elas a da língua escrita, tal como demonstrado por Dehaene[18].

Os resultados de estudos multidisciplinares da alfabetização têm aparecido tanto em forma de produções científicas, expressas em artigos de periódicos, dissertações e teses de cursos de pós-graduação, quanto em livros e em amplos debates em eventos científicos, no Brasil e no exterior.

Paralelamene, existe entre os pesquisadores a consciência de que tais estudos são ainda insuficientes para explicar o processo de aquisição da língua escrita, em todas as suas dimensões e complexidade. Muitas lacunas deverão ser preenchidas por novos estudos, a fim de que se possa nortear uma prática pedagógica em bases científicas.

Nesse sentido, os capítulos que se seguem buscam trazer uma contribuição a este campo vasto e multi-facetado do conhecimento, conforme se procurou demonstrar.

---

18 DEHAENE, Stanislas. *Os neurônios da leitura: como a ciência explica a nossa capacidde de ler.* Porto Alegre, Penso, 2012.

2
LEITURA E COMPREENSÃO

As relações entre pensamento e linguagem segundo Piaget e Vygotsky

Para Smith[19]

> *"a leitura não pode ser separada do pensamento. A leitura é uma atividade carregada de pensamentos... A leitura pode ser definida como um pensamento que é estimulado e dirigido pela linguagem escrita".*

As discussões acerca da atribuição de significados no ato de ler passam, necessariamente, pela compreensão das relações entre *pensamento* e *linguagem*. Uma vez compreendida essa dimensão mais ampla, pode-se avançar para aspectos específicos dessa relação, dentre eles os que se referem às interações entre o *pensamento* e a *linguagem escrita*.

Vários estudiosos têm buscado elucidar as rela-

---

19 SMITH, F. *Compreendendo a leitura – Uma análise psicolingüística da leitura e do aprender a ler*. Porto Alegre, Artes Médicas, 1989.

ções entre o pensamento e a linguagem. Face à sua contemporaneidade e sua relevância para a educação, buscar-se-á nos estudos da Psicologia Genética, realizados por Piaget, e nas pesquisas de Vygotsky, dados que possam elucidar a gênese da capacidade de compreensão, e da própria linguagem, a fim de subsidiar as discussões posteriores sobre o ato de ler e o ato de ensinar a ler.

Piaget[20] demonstrou que a relação entre o pensamento e a linguagem se dá num movimento que pode ser caracterizado como de "dentro para fora". Isto significa que, para esse estudioso, a linguagem é uma das manifestações da função semiótica ou simbólica, cujo aparecimento é decorrente da interiorização das experiências sensório-motoras ocorridas na infância.

A partir do nascimento, as múltiplas interações da criança com o mundo físico e social permitem-lhe uma organização do comportamento em esquemas sensório-motores, por meio dos quais os dados da realidade são gradativamente interiorizados.

Dessa forma, o desenvolvimento mental, construído exatamente por essa interação ativa da criança com o mundo, apresentará, por volta dos 2 anos, a

---

20 PIAGET, Jean. *A linguagem e o pensamento da criança*. Rio de Janeiro, Fundo de Cultura, 1961

possibilidade não apenas de se relacionar com a realidade imediata, de forma sensorial e motora, mas de representar essa realidade através do uso de símbolos. Nesse sentido, juntamente com o gesto imitativo, o desenho e o jogo simbólico (jogo de faz-de-conta), aparecem como formas de expressão do pensamento a linguagem oral e, mais tarde, a linguagem escrita.

Piaget[21] não deixou de ressaltar a importância dessa relação:

> *"...a linguagem desempenha papel particularmente importante, pois, ao contrário dos outros instrumentos semióticos construídos pelo indivíduo, à proporção das necessidades, a linguagem já está elaborada socialmente e contém de antemão, para uso dos indivíduos que a aprendem, um conjunto de instrumentos cognitivos (relações, classificações etc.) a serviço do pensamento."*

Para este estudioso, *"a linguagem é, portanto, condição necessária, mas não suficiente para a construção das operações lógicas"*, o que quer dizer que, quanto mais refinadas são as estruturas do pensamento,

---

21 PIAGET, Jean e INHELDER, Bärbel. *A psicologia da criança*. São Paulo, Difel, 1980.

mais a linguagem será necessária para complementar a elaboração das mesmas. Concluiu que a conquista da linguagem permite a evocação de situações não atuais, a libertação das fronteiras do espaço próximo e do presente, isto é, dos limites do campo perceptivo. Além disso, os objetos e acontecimentos podem ser inseridos em um quadro conceitual e racional, ou seja, em representações simultâneas de conjunto. E, por fim, a conquista da linguagem, aumentando as possibilidades de interação social, fertiliza o desenvolvimento tanto da própria linguagem, como do pensamento.

Vygotsky[22] demonstrou em suas pesquisas que a linguagem, sendo o sistema simbólico básico dos grupos humanos, possui um papel fundamental no desenvolvimento do pensamento. Entendeu que os processos mentais superiores, tais como a atenção voluntária, a memorização ativa e o pensamento abstrato, são processos mediados por sistemas simbólicos. Seus estudos sobre as relações entre o pensamento e a linguagem analisaram esta última no que concerne a duas funções básicas: a de *intercâmbio social* e a de *pensamento generalizado*.

Para esse pesquisador, é a necessidade de comunicação que impulsiona, inicialmente, o desenvolvimento

---

22 VYGOTSKY, Lev S. *Pensamento e linguagem*. São Paulo, Ícone/ Edusp, 1989b.

da linguagem gerando, com isso, sua função básica de intercâmbio social. Tanto na filogênese quanto na ontogênese há, inicialmente, a utilização de símbolos subjetivos para expressar estados emocionais aos outros, por meio de sons, gestos etc. Entretanto, como a comunicação exige o intercâmbio de signos socialmente compreensíveis, a complexidade da experiência individual necessita ser simplificada e generalizada, para que possa ser compartilhada com o grupo.

Esse fenômeno gera a segunda função da linguagem estudada por Vygotsky: a de pensamento generalizado. Isto significa que a linguagem passa a ter uma função conceitual que permite a ordenação e a categorização do real, para que possa ser comunicado simbolicamente. É essa função conceitual que torna a linguagem um instrumento do pensamento, sendo, pois, no *significado* que se encontra a unidade entre as funções de intercâmbio social e de pensamento generalizado.

Ao utilizar-se da linguagem, o ser humano é capaz de pensar de uma forma que não seria possível se ela não existisse: a generalização e a abstração estão intimamente ligadas à linguagem. Vygotsky postulou, assim, para o desenvolvimento do pensamento e da linguagem, o percurso que vai da atividade social, interpsíquica, para a atividade individual, intrapsíquica, ou seja, "de fora para dentro".

Vygotsky e seus colaboradores buscaram nos princípios do materialismo dialético os conceitos de *mudança* e *movimento* e a noção de que *as mudanças históricas na sociedade e na vida material produzem mudanças na natureza humana, ou seja, na consciência e no comportamento*. Em outras palavras, a relação homem-mundo é mediada, inicialmente, de forma concreta e direta através do uso de instrumentos. Entretanto, o trabalho é uma atividade que exige, além da utilização de instrumentos, o planejamento da ação coletiva e, portanto, comunicação social. Nesse sentido, a comunicação baseada em conceitos veiculados pela linguagem internaliza-se em forma de signos internos, como discurso interior ou pensamento.

Assim, para esse estudioso, *"uma palavra desprovida de pensamento é uma coisa morta, e um pensamento não expresso por palavras permanece uma sombra"*.

A relação entre a linguagem e o pensamento não é, no entanto, algo já formado e constante; surge ao longo do desenvolvimento e também se modifica. Deve, pois, ficar claro que, para Vygotsky, o sujeito constitui as suas formas de ação e a sua consciência nas relações sociais, sendo, exatamente, a passagem do plano intersubjetivo para o plano intrasubjetivo que leva o desenvolvimento das funções psicológicas superiores, dentre as quais se inclui o próprio pensamento.

A relevância das contribuições de Piaget e Vygotsky sugere, naturalmente, o confronto entre suas idéias. Entretanto, é importante lembrar que a busca limitada de pontos antagônicos entre elas pode levar a esquecer que tanto Piaget, como mostra Oliveira[23], quanto Vygotsky[24] reconheceram o valor dos estudos um do outro.

É certo que enquanto Piaget destacou o papel das ações concretas, sensoriais-motoras, na garantia do referencial significativo do conceito veiculado pela linguagem e pelo pensamento, Vygotsky mostrou que a gênese do pensamento conceitual não seria possível sem que tivesse sido criada a sua necessidade na convivência grupal.

Na perspectiva piagetiana, o acesso à linguagem, como um sistema de signos, possibilita a construção de conceitos gerais e a inserção progressiva do pensamento individual, egocêntrico, numa realidade objetiva e comum.

Para Vygotsky, ao contrário, não é o pensamento individual que se insere na realidade social ao longo do

---

23 OLIVEIRA, Marta K. *Vygotsky: Aprendizado e desenvolvimento – Um processo sócio-histórico*. São Paulo, Scipione, 1993.

24 VYGOTSKY, Lev S. *A formação social da mente*. São Paulo, Martins Fontes, 1989a.

desenvolvimento, mas é a realidade social e funcional da palavra que constitui a subjetividade, ou seja, o discurso interior traz a marca do discurso social.

Entretanto, para ambos, pensamento e linguagem se enriquecem mutuamente num processo interativo e construtivo, que traz a princípio a marca da oralidade, enriquecido, posteriormente, pela linguagem escrita, como se buscará demonstrar a seguir.

Pensamento e linguagem escrita

Uma concepção de linguagem escrita e, consequentemente, de leitura reflete uma determinada concepção de linguagem. Isto significa que se a linguagem for considerada como um sistema fechado, fora do seu contexto social e do seu uso, provavelmente se terá uma teoria da leitura baseada em aspectos exclusivamente linguísticos do texto, ou seja, na sua textualidade.

Se, por outro lado, a linguagem for considerada do ponto de vista do seu uso social, da interação entre os interlocutores, a teoria da leitura considerará como elementos constitutivos da própria leitura do texto, os papéis dos interlocutores, a história de leitura do leitor e as condições de produção.

Diferentes abordagens psicolinguísticas polarizam tal discussão.

Defendendo a concepção de que a leitura pressupõe uma interação dinâmica entre o leitor e o texto, Goodman[25] e Smith[26] explicam que essas diferentes concepções orientam-se por um movimento ora de forma descendente ou *top-down,* ora de forma ascendente ou *bottom-up.*

No primeiro caso, o processamento inicia-se na mente do leitor, que utiliza a informação textual apenas para confirmar suas hipóteses e predições sobre o texto; o leitor determina como o texto será abordado, trabalhado, interpretado; participa ativamente na busca constante do sentido.

No segundo caso, modelo *bottom-up*, o processamento inicia-se no símbolo escrito, obtendo o significado a partir de palavras, sentenças, do texto em si; o leitor submete-se ao texto, como elemento passivo, receptivo.

Para o modelo *top-down,* o propósito universal da leitura é o de obter significado do texto, independente dos objetivos específicos de cada ato individual de

---

25 GOODMAN, Kenneth. "O processo de leitura: Considerações a respeito das línguas e do desenvolvimento". *In:* FERREIRO, E. e PALACIO, M.G. (orgs.). *Os processos de leitura e escrita – Novas perspectivas*. Porto Alegre, Artes Médicas, 1987.

26 SMITH, F. *Compreendendo a leitura – Uma análise psicolingüística da leitura e do aprender a ler*. Porto Alegre, Artes Médicas, 1989.

leitura, das características do material gráfico e da diversidade de sistemas linguísticos.

Ampliando essa abordagem, o modelo interacional vai além da concepção de leitura como obtenção de significados, o que leva Soares[27] a afirmar que *"o texto não preexiste à sua leitura, e leitura não é a aceitação passiva, mas é construção ativa; é no processo de interação desencadeado pela leitura que o texto se constrói".*

Do exposto, deve portanto ficar claro que a relação básica entre o pensamento e a linguagem escrita parte do pressuposto que **a compreensão** é **base da leitura e não apenas sua consequ**ência, e que, nesse processo, caracteriza-se o leitor como um ser dinâmico, criativo, que, partindo das pistas do texto, com ele interage reconstruindo significados.

Entende-se por **compreensão** o fator cognitivo que relaciona os aspectos relevantes do mundo às intenções, aos conhecimentos e às expectativas que o sujeito possui em sua mente. Todo sujeito possui, assim, uma teoria dinâmica de mundo organizada em um modelo consistente e coerente, com a qual extrai significado do mundo real ou imaginário. Essa teoria apresenta-se com possibilidades construtivas e de

---

27 SOARES, Magda B. "As condições sociais da leitura: Uma reflexão em contraponto". *In:* ZILBERMAN, R. e SILVA, E.T. da (orgs.). *Leitura – Perspectivas interdisciplinares.* São Paulo, Ática, 1988.

reelaboração ao longo da vida, o que permite afirmar que o significado é garantido pelo que já sabemos, não sendo, pois, autoevidente nos elementos externos.

A compreensão no ato de ler não foge a esse modelo geral de atribuição de significado aos estímulos externos, estando, também, na dependência dessa teoria dinâmica de mundo, isto é, do conhecimento prévio, ou, em outras palavras, da memória a longo prazo ou das informações não visuais do sujeito.

Essas informações, no caso da leitura, são constituídas tanto por aquelas gerais relativas ao conhecimento de mundo, quanto pelos conhecimentos interiorizados acerca da estrutura da língua escrita. O valor dessas informações está no fato de reduzirem, no ato de ler, a incerteza na identificação do sentido – fenômeno que será melhor abordado no próximo capítulo.

A importância dada às **informações não visuais** na leitura não anula o papel desempenhado pelas **informações visuais**, ou seja, as informações disponíveis ao cérebro através dos olhos, como por exemplo, as impressões gráficas de um texto. Entretanto, como mostra Smith[28], *"a leitura fluente depende da habilidade de utilizar os olhos tão pouco quanto possível"*.

---

28 SMITH, F. *Compreendendo a leitura – Uma análise psicolingüística da leitura e do aprender a ler*. Porto Alegre, Artes Médicas, 1989.

No intuito de compreender como essas informações são organizadas, armazenadas e utilizadas pelo sujeito, são apresentados, a seguir, dados sobre o papel da *memória* nesse processo.

O papel da memória no ato de ler

A memória tem um papel preponderante no armazenamento das informações, em um conjunto organizado de experiências vividas pelo sujeito ao longo da vida.

O termo memória pode ser entendido de diferentes maneiras, ora como armazenamento de uma nova informação, ora como o processo de se extrair essa informação armazenada. Nesse sentido, tanto as condições qualitativas quanto as quantitativas de assimilação dos estímulos, como o tempo de retenção, organizam-se em operações cognitivas diferenciadas que podem ser assim categorizadas:

- **Memória sensorial**, ou a que ocorre no momento em que um determinado estímulo sensorial atinge o órgão receptor e é levado ao cérebro, onde acontece a decisão perceptiva, por exemplo, a identificação de letras ou palavras;

- **Memória de curto prazo**, ou memória funcional, que ocorre quando há a manutenção da atenção em algo imediatamente após a sua identificação, por exemplo, a retenção das informações visuais durante a leitura;

- **Memória a longo prazo**, ou a que ocorre pelo armazenamento ao longo da vida, das mais variadas informações e experiências do sujeito; é o nosso *conhecimento de mundo*.

Os estudos de Smith[29] concluem que *"quanto mais compreendemos, mais a memória cuidará de si mesma"*, ou seja, tanto no armazenamento sensorial, como na memória de curto prazo e na memória a longo prazo, a sobrecarga de informações desprovidas de significado para o sujeito traz prejuízos à retenção e à recuperação da informação.

Isso pode explicar o trabalho sofrido das crianças na memorização das "famílias silábicas" desprovidas de significado – procedimento típido das práticas tradicionais de alfabetização. Nesses casos, quando conseguem memorizar, por exemplo, o "da-de-di-do-du" acabam se esquecedo do "ba-be-bi-bo-bu"!

Portanto, ao se relacionar memória e leitura, pode-se afirmar que:

---

29 SMITH, F. *Compreendendo a leitura – Uma análise psicolingüística da leitura e do aprender a ler*. Porto Alegre, Artes Médicas, 1989.

a) na **memória sensorial,** a sobrecarga através do excesso de estímulos não aumenta sua capacidade; ao contrário, pode gerar uma sobrecarga ao cérebro, desqualificando a assimilação. A qualidade está, assim, na competência do cérebro em utilizar o que já sabe (informação não visual) para extrair sentido da informação visual recebida em um curto espaço de tempo. Isto explica a competência do leitor fluente em extrair significados das palavras sobre as quais os olhos passam em grande velocidade;

b) na **memória de curto prazo**, a importância do armazenamento reside no fato de poder reter um grupo de palavras que irá associar-se a outro, na garantia do sentido. Entretanto, isso só será possível caso o leitor não se detenha nessas letras ou palavras por um tempo superior ao que permite essa associação;

c) na **memória a longo prazo**, a preocupação excessiva em ler e memorizar é um dificultador da inteligibilidade do texto e, como consequência, da própria memorização. Ao contrário, a compreensão é, nesse caso, a garantia da memorização, ampliando sua eficiência sempre que a aquisição de novas informações estiver relacionada com o conhecimento prévio do sujeito.

Pode-se, pois, concluir que o conhecimento anterior presta uma grande colaboração na superação das limitações da memória. Qualificá-la significa, assim, desenvolver o próprio pensamento na busca constante de significado.

Piaget e Inhelder[30], estudando, também, a memória e a estrutura das lembranças-imagens, afirmam que *"o problema principal do desenvolvimento da memória é o de sua organização progressiva"*. Isto significa que os dados retidos na memória não são meras cópias perceptivas. A retenção está na dependência dos esquemas de compreensão do sujeito, conforme as possibilidades de seu estágio evolutivo. Assim, a mesma situação, quando evocada mais tarde, apresenta diferenças resultantes das transformações mentais que alteraram as possibilidades de compreensão do sujeito. Neste sentido, para Piaget, *"a evocação é uma reconstituição de significado"*.

Em síntese, a memória tem um papel relevante em relação à linguagem escrita, tanto no mecanismo do ato de ler, quanto na garantia do sentido da leitura. No primeiro caso, pelas suas possibilidades de retenção das informações visuais, favorecendo as organizações ao longo da leitura; no segundo, por permitir que as informações não visuais articulem-se àquelas gerando o sentido do texto.

---

30 PIAGET, Jean e INHELDER, Bärbel. *A psicologia da criança*. São Paulo, Difel, 1980.

Linguagem oral e linguagem escrita

Uma prática pedagógica de ensino da leitura requer, necessariamente, a compreensão de que o pensamento e a linguagem estão em contínua interação no processo de construção de significados – tal como já foi demonstrado –, e, também, que esse processo apresenta características diferenciadas, quando se trata da linguagem oral ou da linguagem escrita.

Dentre as distinções entre a linguagem oral e a linguagem escrita está o fato de ambas fazerem diferentes exigências aos seus receptores. A linguagem oral caracteriza-se por sua limitação temporal, exigindo, como consequência, o auxílio da memória de curto prazo. Necessita utilizar-se de indícios da situação presente a fim de garantir o significado. Ao contrário, na linguagem escrita, o leitor comanda o tempo; pode atentar para várias palavras ao mesmo tempo ou selecioná-las.

Para Marcuschi[31], embora não se possa polarizar uma dicotomia absoluta entre a fala e a escrita, existem aspectos distintivos dos quais destaca:

---

31 MARCUSCHI, Luiz A. "Leitura e compreensão do texto falado e escrito como ato individual de uma prática social". *In:* ZILBERMAN, R. e SILVA, E. (orgs.). *Leitura – Perspectivas interdisciplinares*. São Paulo, Ática, 1988.

- a fala tende a ser plurissistêmica, com fatores organizacionais verbais e não verbais, ao passo que a escrita depende mais essencialmente do canal verbal;

- a fala envolve, geralmente, uma interação mais direta, no mesmo tempo social, em contextos comuns e imediatos, com pouca fixidez temática e maior espontaneidade; na escrita, o tempo de produção e de recepção costuma ser diferente, a fixidez temática torna-se mais evidente.

Por outro lado, a verificação da correta interpretação do sentido da mensagem também varia entre uma linguagem e outra. Na linguagem falada, essa incerteza pode ser eliminada pelo que se pode conhecer sobre a natureza, os interesses e as prováveis intenções do falante. Na linguagem escrita, este recurso fica limitado às informações advindas do próprio texto (às quais se pode recorrer quantas vezes se achar necessário) e pelas articulações dessas no pensamento do leitor.

Nesse sentido, não se pode entender que a escrita é descontextualizada e a fala, contextualizada. Em ambas as modalidades, os textos serão contextualmente interpretados, ou seja, os conhecimentos pragmáticos do mundo e dos usos da língua serão sempre requeridos tanto dos ouvintes quanto dos leitores na interpretação da linguagem.

Além disso, tanto a linguagem oral como a linguagem escrita podem ser analisadas em seus aspectos físicos, ou em sua estrutura de superfície, e em seus aspectos significativos, ou em sua estrutura profunda. A estrutura de superfície corresponde, na linguagem falada, à informação auditiva assimilada pelo receptor, e, na linguagem escrita, à informação visual. A estrutura profunda corresponde à parte da linguagem que não pode ser diretamente observada ou medida; corresponde ao significado, que não é aferido da superfície da linguagem, mas de sua estrutura semântica e pragmática.

Smith[32] considera essa distinção de fundamental importância na compreensão da leitura, uma vez que não existe uma correspondência recíproca entre a estrutura aparente da linguagem e o significado. O significado está além dos meros sons e sinais impressos e não pode ser derivado da estrutura aparente por qualquer processo mecânico ou simples. Isto significa que podem ocorrer mudanças na estrutura de superfície sem que ocorra diferença no significado, e que podem existir diferenças no significado que não estão representadas na estrutura de superfície.

Nesse sentido, como a linguagem falada ou escrita é compreendida?

32 SMITH, F. *Compreendendo a leitura – Uma análise psicolingüística da leitura e do aprender a ler*. Porto Alegre, Artes Médicas, 1989.

A resposta, segundo esta concepção, não é a de que se consegue o significado de sentenças juntando-se o significado de palavras individuais, ou mesmo identificando com os olhos letra por letra e reunindo-as mecanicamente; ao contrário, a compreensão é conseguida quando se pode reconstruir significados via conceitos e proposições circunstanciadas, ou seja, nas relações de sentido construídas pelo pensamento.

O desconhecimento ou o desprezo das distinções entre a linguagem oral e a linguagem escrita aparece refletido no ensino da leitura, especialmente nas metodologias de alfabetização que pretendem ensinar esta última através do mecanismo de transformação do escrito no oral, concebendo como leitor aquele que se mostra capaz de decodificar, com fluência, os sinais gráficos da escrita em sons da fala.

A discussão que se faz nos próximos capítulos busca fundamentar esta afirmativa, como forma de subsidiar propostas metodológicas alternativas de ensino da leitura, que possam ir além dos mecanismos de decodificação..

3

PROCEDIMENTOS DE LEITURA: ARGUMENTOS A FAVOR DA LEITURA SILENCIOSA

O ato de ler está sempre ligado à tomada de decisões, seja por uma criança buscando identificar uma única letra do alfabeto, seja por um intelectual buscando desvendar o significado de um texto obscuro. Assim, a leitura envolve comportamentos de incerteza por parte do leitor, contra os quais precisa utilizar-se de um conjunto de procedimentos, tais como os que se seguem.

A movimentação dos olhos na leitura silenciosa

Os estudos sobre a fisiologia da visão no ato de ler permanecem desconhecidos da maioria dos educadores envolvidos na alfabetização. Dentre esses estudos, divulgados desde o final do século passado, encontram-se as pesquisas do oftalmologista francês Émile Javal, publicadas na obra *La physiologie de la lecture et de l'écriture*, em 1905 e, recentemente, os estudos da Neurociência, como os do pesquisador francês Stanislas Dehaene[33].

---

33 DEHAENE, Stanislas. **Os neurônios da leitura: como a ciência explica a nossa capacidade de ler.** Porto Alegre, Penso, 2012.

É pressuposto das metodologias tradicionais de alfabetização que, no ato de ler, os olhos fazem um movimento regular e linear, realizando uma varredura minuciosa do texto, seguindo a direção esquerda-direita da escrita.

Ao contrário, Javal, ainda sem os recursos atuais da tecnologia, provou, por meio de experimentos com espelhos situados estrategicamente, que na leitura ocorre um salto rápido, irregular, espasmódico e acurado dos olhos, de uma posição para outra.

Smith[34], ao concordar com os resultados das pesquisas de Émile Javal, denomina este movimento ocular de *movimento sacádico* por entender que a sua função é a de buscar, com rapidez e precisão, informações ou "amostras" do campo visual para o qual o sujeito dirige o foco de sua atenção.

Nas situações de leitura, os *movimentos sacádicos* ocorrem tanto no sentido progressivo e linear, quanto em forma de regressões ou, ainda, em saltos para diferentes pontos do texto, a fim de confirmar ou antecipar hipóteses de significado. Cada vez que o olho realiza uma pausa nesse movimento de saltos visuais diz-se que ocorreu uma fixação.

---

34 SMITH, F. *Compreendendo a leitura – Uma análise psicolingüística da leitura e do aprender a ler*. Porto Alegre, Artes Médicas, 1989.

Os estudos experimentais de Javal, em 1874, descobriram que cada *movimento sacádico* ocorre em 20 milissegundos, seguido de uma fixação com duração aproximada de 240 milissegundos.

Tais estudos puderam concluir, também, que o olho quando salta é funcionalmente cego, ou seja, a informação é coletada entre os movimentos oculares, quando o olho está relativamente imóvel durante as fixações. Em outras palavras, não pode haver percepção visual com os olhos em movimento sobre um objeto estático; deve haver fixação dos olhos em pontos precisos para que a informação visual possa ser registrada pelo cérebro.

Charmeux[35], ao estudar a importância da rapidez da leitura na compreensão, mostra que embora a velocidade do deslocamento ocular seja relativamente semelhante em todas as pessoas, a velocidade da leitura é variável. Razões motivacionais ligadas aos variados objetivos de cada situação de leitura levam o leitor a imprimir diferentes velocidades na mesma, se, por exemplo, encontra-se diante de um catálogo telefônico ou na concentrada leitura de uma obra literária.

---

35 CHARMEUX, Eveline. *Aprender a ler: Vencendo o fracasso*. São Paulo, Cortez, 1994.

Entretanto, outros fatores condicionam o ritmo da movimentação dos olhos no texto. Dentre eles, a capacidade de concentração intelectual, a fineza da discriminação visual e, também, a amplitude do campo coberto em cada fixação ocular. Este último diminui consideravelmente o número de fixações necessárias para a leitura, além de permitir que aspectos do texto sejam percebidos mais de uma vez, exatamente por terem sido captados por mais de uma fixação visual. Tais constatações podem explicar a surpreendente superioridade de compreensão e de memorização dos leitores mais velozes sobre os leitores lentos, cujas fixações limitam-se a captar poucos aspectos do texto por vez.

As pesquisas sobre esses aspectos da leitura puderam mostrar, assim, que, conforme afirmado anteriormente, a movimentação dos olhos na leitura nem sempre segue rigidamente a direção da escrita. Estes, ao se movimentarem durante a leitura, podem saltar em diferentes pontos do texto impresso, realizando regressões, conforme a necessidade de buscar ou confirmar o sentido esperado.

Smith[36], ao refletir sobre a fluência da leitura, afirma: *"Todos os leitores produzem regressões e, para os leito-*

---

36 SMITH, F. *Compreendendo a leitura – Uma análise psicolingüística da leitura e do aprender a ler*. Porto Alegre, Artes Médicas, 1989.

res experientes, uma regressão pode ser um movimento ocular tão produtivo, quanto um movimento sacádico é para a frente, em uma direção progressiva."

Confirma essas afirmativas a pesquisa de William Gray, na década de 1950, sobre a movimentação dos olhos na leitura em 14 línguas diferentes, abrangendo tanto aquelas com utilização prioritária de caracteres ideográficos, como as silábicas e alfabéticas.

A grande importância desse trabalho foi a de provar que embora os caracteres sejam variados, as estratégias básicas utilizadas pelo leitor são idênticas. Entretanto, como as escritas alfabéticas, diferentemente das ideográficas, permitem que, além de ler, o sujeito possa *dizer* o sistema alfabético, *ler oralizando os sinais gráficos* passou a ser sinônimo de competência de leitura.

Tais reflexões permitem levantar inúmeros questionamentos acerca do ensino e da aprendizagem da leitura, de modo especial, sobre a impossibilidade de ocorrência dos "saltos visuais" durante a leitura vocalizada ou subvocalizada, precocemente exigida dos alfabetizandos, o que gera, como consequência, grandes prejuízos na obtenção do significado.

Esta questão será retomada no capítulo dedicado às questões metodológicas do ensino da leitura.

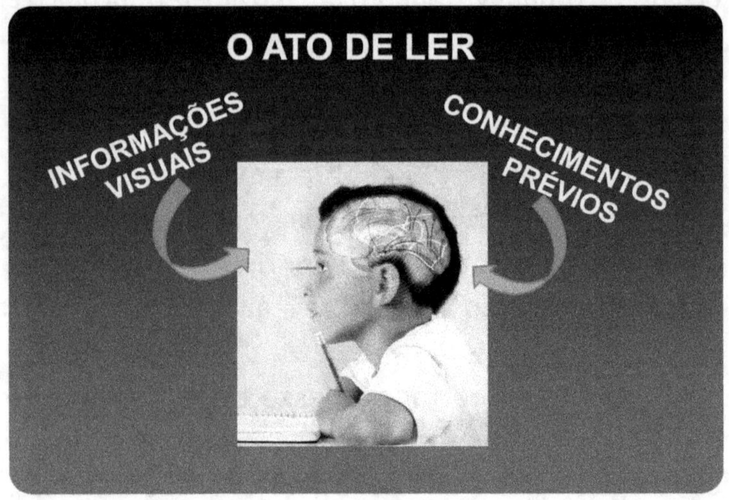

Entende-se por **informações visuais** os dados extraídos do próprio "portador de texto", que já poderá anunciar o possível conteúdo; a diagramação do texto (organização espacial, escolha do tamanho das letras, anunciando títulos ou dando destaques especiais com outros recursos etc), bem como, as informações do próprio código linguístico usado na escrita do texto. Por **conhecimentos prévios** entende-se o domínio do conteúdo a ser lido, o projeto de leitura do sujeito naquele momento, os seus conhecimentos linguísticos armazenados na memória, dentre outros.

No ato de ler, as informações prévias têm um papel preponderante por reduzir a incerteza do leitor no processo de decodificação e interpretação dos dados disponíveis, diminuindo a probabilidade dos receptores enganarem-se ou ignorarem algo na compreensão da mensagem.

Uma melhor compreensão desse aspecto pode ser conseguida através do entendimento das relações entre as **informações visuais** e as **informações não visuais**, em outras palavras, das relações entre os olhos e o cérebro no ato da leitura.

A análise dessas relações deve considerar que na compreensão do ato de ler existe, geralmente, uma supervalorização dos olhos em detrimento da atividade do cérebro. Convém, pois, esclarecer que o cérebro determina *o que* e *como* vemos, o que significa que o cérebro amplia consideravelmente a informação sensorial.

Existe uma relação recíproca entre a informação visual e a não visual: quanto mais informações não visuais um leitor possui menos informações visuais necessita e vice-versa. Além disso, quanto menos informações não visuais o leitor pode empregar mais difícil se torna a sua leitura.

Tais explicações podem justificar muitas das dificuldades dos leitores aprendizes independentemente de sua capacidade real de leitura, como também, as limitações dos leitores fluentes diante de textos cujos conteúdos ou estruturas linguísticas lhes sejam desconhecidos.

Logo, ser incapaz de discernir palavras escritas, com fluência e rapidez de leitura, não é uma deficiência apresentada apenas pelas crianças durante o aprendizado. Leitores fluentes podem se encontrar na mesma situação, pelas mesmas razões, ou seja, por precisarem ler um material considerado difícil, por ser-lhes exigida muita atenção a cada palavra, ou por serem colocados em uma situação de ansiedade.

Nesse sentido, afirma Smith[37]: *"A insuficiência de informação não visual pode, até mesmo, tornar a leitura impossível, pela simples mas inelutável razão de existir um limite para a quantidade de informação visual que o cérebro pode lidar a cada momento. Existe um `funil' no sistema visual, entre os olhos e o cérebro."*

Pesquisas com o auxílio do taquistoscópio[38], realizadas por Cattel e Huey há mais de um século, vieram demonstrar a interação entre as informações visuais e não visuais na leitura. Estudos posteriores,

---

37 SMITH, F. *Compreendendo a leitura – Uma análise psicolingüística da leitura e do aprender a ler*. Porto Alegre, Artes Médicas, 1989.

38 O taquistoscópio é um dispositivo que apresenta informações aos olhos por períodos de tempo muito curtos, não permitindo que o leitor veja outra coisa além do estímulo por ele apresentado. Permite pesquisar a quantidade e a qualidade da informação visual armazenada. Em sua forma mais simples, um taquistoscópio assemelha-se a um projetor de *slides* que joga a imagem sobre uma tela, em um tempo determinado. Nos laboratórios experimentais atuais, essas breves apresentações são controladas, com grande precisão, por computadores.

com aparelhos mais sofisticados e acrescidos com recursos da informática, não negaram as conclusões a que chegaram aqueles estudiosos, com seus taquistoscópios primitivos.

Esses estudos de Cattel e Huey têm grande importância para os alfabetizadores, por ampliar a compreensão das relações entre os olhos e o cérebro e das limitações da percepção visual na leitura. Dentre as conclusões a que chegaram esses estudiosos está a de que o olho necessita estar exposto à informação visual por um tempo muito menor do que em geral se pensava.

Isso significa que, com uma intensidade suficiente, toda a informação que o cérebro pode lidar, a partir de uma fixação visual, pode ocorrer em uma fração de tempo de aproximadamente 50 milésimos de segundo.

Tal conclusão torna-se relevante quando se pretende argumentar contra os procedimentos de ensino da leitura por meio do processo lento de decodificação de cada sinal gráfico.

Outro aspecto importante, salientado pelos estudos por meio do taquistoscópio, é o de que o que pode ser percebido em uma única apresentação breve, isto é, em uma fixação visual, depende do material apresentado e do conhecimento anterior do sujeito.

Entre as pesquisas experimentais voltadas para esse aspecto da leitura destaca-se a que consistiu em apresentar aos sujeitos três tipos de materiais de leitura: sequência aleatória de letras; palavras não organizadas em forma de sentença; palavras organizadas em sentença. Os três materiais assemelhavam-se quanto ao número de sinais gráficos. O resultado foi o de que os sujeitos do experimento, após a exposição a uma mesma fração de tempo, puderam relatar a retenção de quatro ou cinco letras; duas ou três palavras, num total de aproximadamente 12 letras; quatro ou cinco palavras de uma sentença curta, num total de aproximadamente 25 letras.

Convém notar que nas três situações não houve diferença quanto à quantidade de informação visual enviada ao cérebro. A diferença fundamental ocorreu no número de alternativas com as quais o cérebro teve de lidar, ao tomar suas decisões perceptivas. Como as letras foram distribuídas aleatoriamente, tornaram-se imprevisíveis, o que demandou uma maior quantidade de informação visual para cada decisão de identificação. O leitor, nesse caso, vê muito pouco, pois está em uma condição de *visão em túnel,* decorrente da necessidade de processar demasiada informação visual. Essa situação diminuiu na medida em que o sujeito pôde utilizar de qualquer informação anterior, reduzindo o número de alternativas. Isso explica a situação ligada à leitura de palavras conhecidas e de sentenças significativas durante o experimento.

Outra demonstração experimental buscou relacionar o número de alternativas, com o tempo de reação utilizado na identificação do estímulo. Ao solicitar a identificação de letras, buscou-se fornecer informações prévias que pudessem diminuir o número de alternativas, tais como "encontra-se entre as primeiras letras do alfabeto"; "é uma vogal" e outras. Observou-se, como era de se esperar, que o tempo de reação diminuiu consideravelmente, chegando a reduzir-se à metade.

O dimensionamento do tempo é um fator relevante no ato de ler. Se a velocidade for excessiva poderão ocorrer prejuízos e distorções na compreensão. Por outro lado, a lentidão nesse processo poderá bloquear ou mesmo impedir a compreensão, exatamente porque a informação visual não permanece disponível ao cérebro por muito tempo, após ter sido captada pelos olhos.

Estudos sobre o armazenamento sensorial estimam que as informações visuais captadas através de uma fixação permanecem disponíveis ao cérebro por um tempo que varia de meio segundo a, sob condições ótimas, dois segundos.

Assim, entre os procedimentos de leitura construídos pelo sujeito, a conquista do ritmo ocorre através de um complexo de fenômenos ligados tanto à fisiologia da visão, quanto às condições internas de processamento da informação - como demonstrado atualmente por um número significativo de trabalhos na área da Neurociência.

Pode-se, pois, concluir que a eficiência da leitura implica que o cérebro não se emaranhe em detalhes visuais do texto, para que a memória sensorial consiga armazenar dados que possam, rapidamente, agrupar-se aos seguintes garantindo o significado.

Ao contrário, a superatenção aos detalhes da escrita, ou a tentativa em vocalizar os sinais gráficos, leva à *visão em túnel*, ou seja, a uma captação fragmentada de letras ou partes da palavra, sem a possibilidade de agrupamento aos demais elementos que lhe garantiriam o sentido.

Isso não significa que a qualidade da leitura é aumentada pela velocidade progressiva das fixações oculares. Existe um limite de aproximadamente três a quatro fixações por segundo, para que a informação possa ser sensorialmente captada e eficazmente compreendida e armazenada.

Em síntese, se o cérebro tem boas informações não visuais, torna-se possível uma leitura mais lenta sem a perda do significado; se faltam essas informações não visuais (ligadas ao assunto ou à linguagem), o armazenamento é lento e a compreensão é dificultada. Esse é o caso de muitos aprendizes diante das atividades escolares de leitura.

O papel da intencionalidade na leitura seletiva

De modo especial no caso de leitores fluentes, a maior ou menor velocidade da leitura e a utilização dos movimentos visuais encontram-se condicionadas pela intencionalidade, ou seja, pelos objetivos de cada situação específica, como, por exemplo, se o leitor apenas lê à procura de um número no catálogo telefônico ou se aprecia o estilo literário de seu romancista preferido. Mas, mesmo nesses casos, os limites da velocidade quanto à garantia do sentido não podem ser desconsiderados, conforme afirmado anteriormente.

A intencionalidade do leitor e suas informações não visuais favorecem, assim, o processo de seleção das informações visuais disponíveis. A importância desse procedimento de leitura reside no fato de o cérebro não conseguir atentar para todas as informações visuais que lhe chegam. De forma inconsciente, o leitor utiliza do comando cerebral sobre o movimento dos olhos para controlar e direcionar a busca da informação. A ausência ou a má qualidade desse processo seletivo tende a gerar uma sobrecarga ao aparelho perceptivo e à memória de curto prazo, prejudicando a compreensão.

Nesse sentido, cabe questionar se a escola tem considerado o papel da intencionalidade na leitura ou se diferentes materiais têm sido apresentados aos leitores aprendizes com uniformidade de objetivos.

Em outras palavras, um rótulo, uma notícia de jornal ou um texto literário costumam ser lidos, na escola, calcados em uma concepção de leitor como sujeito pensante, capaz de trazer a marca de sua individualidade na construção de significados, ou, simplesmente, lê-se com o único objetivo de decodificar, uniformizando o ritmo da leitura e a forma de interação do leitor com o texto?

Entendendo que o segundo objetivo ainda está fortemente presente nas práticas escolares de alfabetização, pode-se acrescentar a esse problema o fato de as instruções dadas às crianças para que leiam vocalizando ou subvocalizando o texto, individualmente ou "em coro", impedirem os saltos visuais e a correta movimentação dos olhos – procedimentos de fundamental importância na leitura fluente.

A função antecipatória na leitura

Dentre as pesquisas que registraram a importância da antecipação no ato da leitura encontram-se os trabalhos de Harste e Burke[39] e os de Goodman[40].

---

39 HARSTE, Jerome C. e BURKE, Carolyn L. "Predibilidade: Um elemento universal em lectoescrita". *In:* FERREIRO, E. e PALACIO, M.G. (orgs.). *Os processos de leitura e escrita – Novas perspectivas.* Porto Alegre, Artes Médicas, 1987.

40 GOODMAN, Kenneth. "O processo de leitura: Considerações a respeito das línguas e do desenvolvimento". *In:* FERREIRO, E. e

Este último, ao situar a predibilidade ou a antecipação entre as estratégias básicas de leitura, explica que o leitor utiliza de todos os seus conhecimentos anteriores para antecipar aspectos linguísticos e de significado do texto. Mostra que a velocidade da leitura silenciosa habitual demonstra que os leitores estão predizendo e selecionando enquanto lêem.

Harste e Burke, em importante estudo com crianças pré-escolares de diferentes culturas, afirmam ser a antecipação um elemento universal da lectoescrita. Essas crianças, pesquisadas por esses autores, embora não conhecessem as convenções gráficas dos sistemas de escrita de sua cultura, foram capazes de dar respostas significativas e não aleatórias aos materiais gráficos apresentados, utilizando-se do contexto para a antecipação do sentido.

Concluem, assim, que a antecipação é uma transação semântica que ocorre entre os usuários da linguagem, em situações linguísticas que lhes são familiares. Sua gênese é, portanto, social, exatamente por ser decorrente da convivência do sujeito com inúmeras situações funcionais relacionadas à linguagem escrita no seu ambiente.

PALACIO, M.G. (orgs.). *Os processos de leitura e escrita – Novas perspectivas*. Porto Alegre, Artes Médicas, 1987.

A identificação e a reconstrução do significado no ato de ler

Durante a leitura, a atribuição do significado ocorre tanto quando o leitor depara com palavras conhecidas, como quando encontra no texto palavras desconhecidas.

Neste sentido, é importante lembrar que a identificação letra por letra é desnecessária e até mesmo impossível para a identificação de palavras na leitura, não deixando, assim, espaço para a decodificação pelo som. De forma semelhante, a identificação de palavras isoladas não contribui para o sentido global do texto.

Deve, portanto, ficar claro que as palavras escritas carregam em si um significado direto, fato facilmente comprovado na leitura de escritas ideográficas, que não permitem uma transcrição de cada sinal gráfico em sons da fala.

Isso permite inferir sobre a possibilidade de que o apoio na oralização envolva o leitor em tanto atraso que a memória de curto prazo fique sobrecarregada, levando à perda do sentido daquilo que se está lendo. Esse processo pode criar uma série de dificuldades para os leitores iniciantes, cujo maior problema é desenvolver a velocidade na leitura.

Outras fontes de informação existem, além das regras fonéticas, para a descoberta de qual seria uma palavra dentro de um contexto. Nesse caso, os leitores, quando deparam com uma palavra desconhecida, saltam, muitas vezes, por cima dela, uma vez que, conforme já se afirmou, não é necessário compreender cada palavra para entender uma passagem de um texto, e o ato de parar para decifrá-la pode ser mais perturbador para a compreensão. Esta é, geralmente, uma primeira estratégia utilizada.

Uma outra estratégia é a identificação por analogia, isto é, a busca de indícios na ortografia ou no significado de palavras conhecidas que têm com a outra alguma relação.

Além desses procedimentos, também a oralização da palavra escrita é utilizada como forma de se chegar ao sentido. Isso pode explicar a *recodificação fonológica* utilizada pelos leitores aprendizes, especialmente diante de palavras desconhecidas. Nesse caso, esses leitores acabam realizando duas leituras da mesma palavra: - uma para decodificá-la e outra, mais veloz, para buscar a compreensão.

Entende-se que a utilização esporádica desse procedimento não se confunde com a prática da leitura vocalizada, habitualmente ensinada pela escola, tanto para a leitura de novas palavras, quanto para a de palavras conhecidas.

As pesquisas têm mostrado que essa estratégia, pelas suas exigências à percepção de detalhes, traz prejuízos à velocidade e à compreensão, obrigando geralmente a uma releitura para confirmação do sentido, conforme se falou anteriormente.

No que concerne à reconstrução do significado, a concepção interativa de leitura tem insistido na tese de que ler não é apenas decifrar, mas, com base no texto, ser capaz de atribuir e de reconstruir significados, ou, como afirma Orlandi[41]: *"Não é só quem escreve que significa; quem lê também produz sentidos. E o faz, não como algo que se dá abstratamente, mas em condições determinadas, cuja especificidade está em serem sociohistóricas."*

A construção do significado na leitura em voz alta

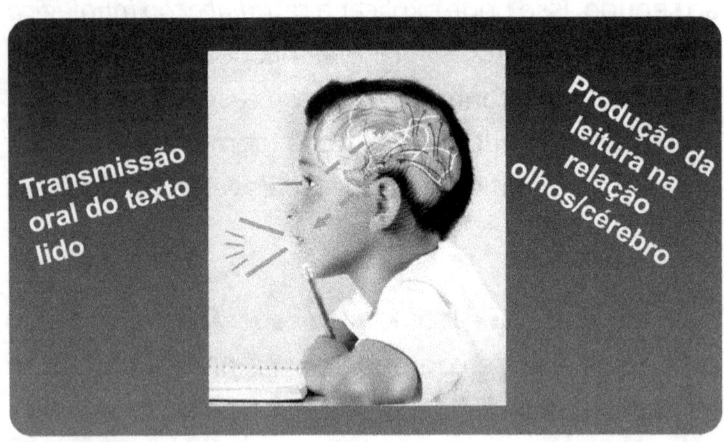

---

41 ORLANDI, Eni P. "O inteligível, o interpretável e o compreensível". *In:* ZILBERMAN, R. e SILVA, E.T. da (orgs.). *Leitura – Perspectivas interdisciplinares*. São Paulo, Ática, 1988.

A imagem mostra que a complexidade da "leitura em voz alta" decorre do fato dessa precisar, primeiramente, ser produzida na relação olhos/cérebro, antes que seja transmitida oralmente.

Primeiramente, porque o leitor deverá acrescentar ao movimento de levar a informação dos olhos ao cérebro, a reversão desse processo através da articulação dos fonemas.

Por outro lado, a leitura linear acompanhando a direção da escrita (própria desta modalidade de leitura) impedirá os *movimentos sacádicos* da visão, bloqueando, como consequência, tanto as possibilidades de antecipação como a compreensão da intertextualidade.

Nesse sentido, as pesquisas têm mostrado que mesmo um leitor pouco rápido lê, de forma silenciosa, um texto de dificuldade média numa velocidade três vezes superior à leitura em voz alta.

É amplamente conhecida a dificuldade apresentada pelas crianças que estão começando a ler, em realizar uma leitura fluente concomitante ao entendimento do conteúdo. Ora, tal dificuldade se agrava, evidentemente, quando necessitam acrescentar nesse processo, o ajustamento da fala à leitura.

Esclarecendo sobre tal situação, Cagliari[42] mostra que, na emissão dos sons da fala, o sujeito deverá mudar a respiração, acertar o ritmo e a entonação por meio da montagem das sílabas, gerar uma corrente de ar, articular os órgãos do aparelho fonador no nível da laringe e da cavidade bucal, controlar a posição do véu palatino, a configuração dos lábios e a posição da mandíbula, numa média de 12 ajustamentos por segundo.

Em se tratando da linguagem oral, tudo isso ocorre espontânea e naturalmente. Entretanto, na "leitura oral", especialmente do leitor iniciante, a consciência da necessidade de ajustamento ao texto, tal como fora escrito, associada à necessidade de ajustar a produção sonora à pronúncia segundo o padrão socialmente valorizado, acaba por gerar inúmeros embaraços à fluência e à compreensão do texto.

Além disso, a leitura em voz alta exige o cumprimento de variadas tarefas pelo leitor - ativar os mecanismos de produção sonora da fala concomitantemente à compreensão do pensamento e, muitas vezes, das emoções alí expressos por quem escreceu o texto.

42　CAGLIARI, Luiz C. *Alfabetização & linguística*. São Paulo, Scipione, 1989.

Pode-se, pois, concluir que, para as crianças em fase inicial da aprendizagem da leitura, a formação de unidades significativas a partir dos sons (*leitura oralizada*) é uma atividade extremamente complexa, exatamente por não existir uma correspondência simples e direta entre unidades acústicas e unidades linguísticas, ou, como afirma Golbert[43]: *"Os sons da linguagem não existem isolados; realizam-se e modificam-se dentro da palavra."*

Isso ajuda a entender como essa forma de ler pode dificultar sobremaneira o reconhecimento do significado, a partir do exercício mecânico de decodificação dos registros gráficos em sons da fala.

Interessante acrescentar que os sistemas de escrita, mesmo o alfabético, não conseguem registrar todas as particularidades sonoras da língua oral, o que prova que a decifração não é suficiente para o reconhecimento da palavra; é preciso, pois, reconhecê-la por meio de outros procedimentos para poder pronunciá-la de forma adequada, durante a leitura.

Assim, essa concepção leva à inversão da visão tradicional de que era preciso *oralizar para compreender;* nesse caso, torna-se necessário *compreender para poder oralizar.*

---

43 GOLBERT, Clarissa S. *A evolução psicolinguística e suas implicações na alfabetização – Teoria, avaliação, reflexão.* Porto Alegre, Artes Médicas, 1988.

Uma outra questão importante é que essa complexidade da leitura em voz alta passa, muitas vezes, despercebida pela escola. Diferentemente dos adultos, que já desenvolveram habilidades linguísticas adequadas à conciliação dos elementos fônicos com os elementos semânticos da leitura, para o leitor aprendiz, essa dificuldade se evidencia por meio da leitura silabada, truncada por pausas, vagarosa, sem ritmo e entonação.

Criticando tais procedimentos metodológicos, Ferreiro[44] mostra, claramente, que, ao exigir, desde o início, que o aluno leia pronunciando tal como está escrito, a escola inverte as relações fundamentais entre a fala e a escrita: "Não são as letras que `se pronunciam' de certa maneira; são as palavras que `se grafam' de certo modo."

Resta compreender as variáveis que condicionaram comportamentos metodológicos que, ao longo dos tempos, têm priorizado a modalidade de leitura com mediação sonora sobre a leitura silenciosa, no processo de alfabetização.

Os capítulos que se seguem buscam mostrar tais variáveis na história da leitura e na história das modalidades de ensino da leitura.

---

44   FERREIRO, Emília. *Com todas as letras*. São Paulo, Cortez, 1992.

4

HISTÓRIA DA LEITURA - A FUNÇÃO DA LEITURA EM VOZ ALTA NO PASSADO

Pretende-se sob este título examinar aspectos sociais e materiais que condicionaram, em diferentes momentos históricos, um determinado comportamen-to de leitor. Isso significa que *toda leitura tem sua história*, ou seja, que leituras possíveis em determinadas épocas não o foram em outras, em decorrência dos determinantes sociais, o que permite conceber a leitura como um processo historicamente determinado.

Convém considerar também que, associado às variáveis históricas e sociais, o progresso das técnicas de impressão da escrita, como a normatização das regras ortográficas, gerou, gradativamente, condições facilitadoras da leitura, o que pode ajudar a explicar a utilização em maior ou menor grau da leitura em voz alta dirigida para o outro, e o hábito da leitura vocalizada ou subvocalizada na leitura para si mesmo.

Na Antiguidade, o conhecimento era transmitido basicamente por meio da comunicação oral, embora na Grécia e em Roma muitas pessoas dominassem as técnicas da leitura e da escrita. Na cultura clássica, o que realmente distinguia o homem culto não eram os estudos científicos, mas a cultura filosófica e a cultura oratória, voltada para a arte da eloquência e a prática da leitura em voz alta.

Por outro lado, as dificuldades de impressão impossibilitavam a divulgação dos textos produzidos e criavam, para o leitor, enormes barreiras na decodificação e na compreensão dos sinais gráficos.

Os livros primitivos utilizados pela humanidade eram feitos em rolos de papiro denominados *volumina*. Neles, o texto era escrito em estreitas colunas, sem espaço em branco entre as palavras. Para ler, o leitor deveria segurar o *volumen* com as duas mãos, desenrolando-o com uma delas e enrolando-o com a outra. Desse modo, o *volumen* permitia apenas a leitura sucessiva e linear de trechos isolados da obra, dificultando a antecipação do significado e impossibilitando os saltos visuais.

No primeiro século d.C. o uso do pergaminho passou a substituir o papiro, como material portador de texto; o *volumen* foi ultrapassado pelo *códice* – primeira forma de livro composta por folhas dobradas, formando cadernos unidos uns aos outros. Tais condições materiais desse *portador de texto* ainda não proporcionava a utilização das estratégias de leitura fluente, amplamente empregadas pelo leitor moderno.

Com as invasões bárbaras desapareceram os grandes centros de formação e concentração da cultura antiga, diminuindo o número de pessoas com capacidade de ler e de escrever. A cultura letrada passou a ser monopólio eclesiástico que se encarregou, também, da reprodução manuscrita das obras publicadas.

Barbosa[45], ao comentar sobre a leitura nos mosteiros, lembra que

> *"...um ouvido mais atento poderia ouvir, ao entrar no scriptorium, um murmúrio constante nos lábios dos escribas. Pois era assim que nor-*

---

45 BARBOSA, José J. *Alfabetização e leitura*. São Paulo, Cortez, 1990.

malmente se copiava um texto a ser reproduzido; o manuscrito continha uma escrita que se dirigia aos ouvidos e não aos olhos. A oralização da escrita era a forma habitual de o leitor encontrar, através do sinal gráfico, o significado da escrita."

Segundo ainda esse autor, existia também nesses mosteiros um aposento reservado à leitura, onde o leitor, nele isolado, podia ler o texto pronunciando as palavras. Continua Barbosa, citando a obra *Confissões*, de Santo Agostinho, na qual o mesmo revela seu espanto diante da forma de leitura silenciosa de Santo Ambrósio: *"...quando ele lia seus olhos deslizavam pelas páginas e seu coração procurava um sentido, mas a voz e a língua ficavam em repouso."*

Dentre as possíveis explicações para o comportamento de subvocalização e de vocalização da leitura, nesses períodos históricos, está o fato de o manuscrito apresentar poucos recursos visuais que pudessem auxiliar o leitor na velocidade da leitura e na antecipação do significado. Não havia espaço em branco entre as palavras, a ortografia não estava normatizada, escrevia-se conforme a pronúncia, não existia uma pontuação do texto, a letra gótica era de difícil visualização e a diagramação do texto era complexa, associando notas marginais ao texto de base. Tais condições, por exigirem uma leitura cuidadosa e atenta, acabavam por levar o aprendiz à memorização. Assim, era prática comum que à leitura se seguisse a recitação do texto.

Bajard[46], ao fazer uma análise semelhante, acrescenta que a ligação entre leitura e meditação chegou a ser denominada pela palavra *ruminatio*, entendendo-se, assim, que a compreensão dos textos sagrados supunha um trabalho que se iniciava pela vocalização (ou subvocalização), seguida da memorização, a fim de que pudessem ser retomados inúmeras vezes até ser entendidos.

Paralelamente a esse tipo de "vocalização ruminante", como afirma aquela autora, existia a leitura em voz alta com função comunicativa. No mundo católico, o padre era o mediador entre o texto sagrado e os fiéis, numa visão unívoca e teocrática do texto. Em outras situações sociais, de modo especial no convívio familiar, um leitor comunicava expressivamente o sentido do texto por meio da leitura em voz alta.

Entretanto, esta modalidade de leitura comunicativa e expressiva - privilégio de poucos - era compreendida como um aprimoramento do exercício da decodificação sonora, previamente aprendida no treino mecânico de transformação dos sinais gráficos em sons da fala.

---

46 BAJARD, Elie. *Ler e dizer – Compreensão e comunicação do texto escrito.* São Paulo, Cortez, 1994.

Tal concepção de leitura passou a ser assumida posteriormente pela escola, traduzindo uma postura de submissão, ou seja, de imposição de um processo de aprendizagem da leitura que deveria passar, necessariamente, pela decodificação dos signos escritos em signos orais.

A essa decodificação seguia-se a memorização da forma oral obtida, como consequência de sua repetição por inúmeras vezes, com o objetivo de se chegar ao sentido. A prática oral do texto com função social, ou seja, a leitura expressiva para o outro, não era estimulada nesse estágio inicial.

Até a invenção da imprensa por Gutemberg, em meados do século XV, os livros eram feitos artesanalmente, tomando a característica de obra de arte. Cada artesão-tipógrafo compunha esmeradamente os tipos de letra, como também as *iluminuras*[47] e as xilogravuras para as ilustrações. Essas características levaram, naturalmente, ao comportamento de prestar atenção nos detalhes das impressões gráficas, e não apenas de, por meio delas, buscar agilmente a apreensão do conteúdo.

---

47 **Iluminura** é um tipo de pintura decortiva aplicada às letras capitulares dos códices de pergaminhos medievais.

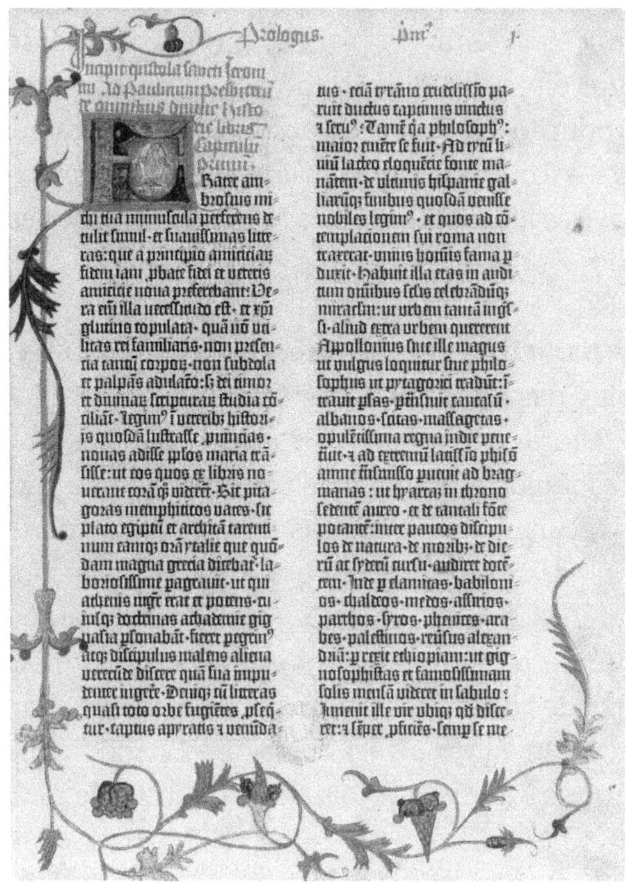

Um livro era, assim, um objeto para ser olhado demoradamente antes de ser lido, além de deter a primazia como portador de texto, diferentemente dos dias atuais, nos quais a escrita tornou-se presente nos mais diferentes materiais e espaços sociais.

Convém lembrar que, a partir do século XIII, intensificou-se nas escolas o ensino com a utilização do livro como instrumento de trabalho do professor. Como a produção livreira era restrita, o professor passou a utilizar o recurso didático do *ditado*, como forma de reprodução das idéias do autor. Esse procedimento, ainda encontrado em escolas nos dias atuais, mais uma vez estabeleceu uma estreita ligação entre leitura, escrita e oratória.

A partir da invenção da imprensa, gradativas melhorias nas condições gráficas do texto facilitaram sua leitura: paginação mais visual, divisão do texto em capítulos e uma maior padronização da escrita. Tais recursos ampliaram as possibilidades do leitor de utilizar-se de índices do próprio texto, como forma de aferição do significado. Além disso, o aumento do número de livros, em decorrência das maiores facilidades de impressão, começou a impulsionar um comportamento mais ágil dos leitores, comportamento este que a leitura subvocalizada não conseguia garantir.

Entretanto, até o final do século XVI, a relação do leitor com o livro restringia-se a livros sacros, tal como registrado por Hauser[48], ao comentar sobre a oferta de livros nesse período e nos séculos seguintes:

> *"a única espécie de livro que tinha*
> *um público mais largo no Século XVII*

---

48 HAUSER, Arnold. *História social da literatura e da arte*. São Paulo, Mestre Jou, 1972, vol. 2.

Merece registro, também, o papel desempenhado pelo clero protestante no desenvolvimento do novo público leitor. Lutero utilizou-se intensamente da linguagem escrita para divulgar suas concepções religiosas, impulsionando, como consequência, a própria alfabetização.

A divulgação de obras profanas, inclusive com um caráter diferente do livro tradicional (periódicos, almanaques etc.), intensificou-se no século XVIII, com grande aceitação entre a classe média. O romance tornou-se o gênero literário por excelência.

Pode-se, pois, afirmar que a partir dessa época, sob a influência da revolução econômica, política e cultural no Ocidente, teve início a formação de um público leitor. As oportunidades de acesso ao livro ampliaram-se em decorrência do desenvolvimento das técnicas de reprodução gráfica e da extensão do sistema escolar a uma faixa maior da população.

O século XVIII marcou, assim, o avanço quantitativo e qualitativo da leitura; o surgimento do culto ao escritor; o aumento das bibliotecas particulares; o desenvolvimento do mercado livreiro que oferecia, além das obras de caráter moralista, histórias de viagens e romances com grande exploração sentimental. Da leitura intensiva de poucos livros, que eram, então, meditados e compartilhados, passou-se à leitura extensiva de variadas obras em diferentes portadores de textos.

Esses dados permitem concluir que a explosão da informação e a maior divulgação da produção escrita, impulsionadas pelo desenvolvimento das técnicas de reprodução gráfica, modificaram e ampliaram a função da escrita na sociedade contemporânea. Chegou-se, assim, ao estágio da sociedade grafocêntrica, na qual a abundância de informação escrita faz com que o leitor leia integralmente apenas uma pequena parcela dos textos à sua disposição.

Com isso, a leitura seletiva passou a exigir do leitor moderno um comportamento flexível, adaptável às intencionalidades diversas dos atos de leitura, praticados sistematicamente no seu cotidiano.

A leitura rápida e fluente demandou o desenvolvimento de estratégias de leitura que permitissem a seleção, as predições e as inferências, num processo de transação psicolinguística.

A libertação da linearidade da palavra, imposta pela sucessão do enunciado na linguagem oral, passou a permitir ao leitor percursos variados pelo texto, saltos e retornos, ensinando-o a escolher a melhor estratégia para cada situação de leitura.

Tais aspectos históricos podem, assim, demonstrar que a prática da **leitura silenciosa** e da **leitura em voz alta** passou por um longo caminho, no qual se entrelaçaram, além de outros fatores, condições socioculturais, recursos materiais de impressão e a possibilidade de divulgação dos textos escritos.

Muitas vezes condenada e temida, a leitura apenas com os olhos (*leitura silenciosa*) foi entendida, no passado, como estratégia de leitura que, por ser veloz e superficial, conduziria o leitor à futilidade; diferentemente da leitura em voz alta, lenta e com boa pronúncia, que denotava profundidade e reflexão.

Mudanças no comportamento do leitor foram, gradativamente, introduzindo a leitura silenciosa nas práticas escolares e modificando concepções tradicionais, sem que isso significasse o total desaparecimento de processos de ensino nesse modelo.

A princípio permitida apenas nas séries mais adiantadas, e só mais tarde reconhecida como forma de leitura prioritária no comportamento do homem moderno, a estimulação da leitura silenciosa é concebida, hoje, como uma forma de leitura que precisa estar presente desde os primeiros passos da alfabetização.

5

HISTÓRIA DAS MODALIDADES DE ENSINO DA LEITURA

A questão dos métodos tradicionais de alfabetização

A análise dos procedimentos metodológicos utilizados no ensino da leitura e da escrita deve considerar que as práticas pedagógicas se modificam no tempo, refletindo as mudanças sociais. Por outro lado, os avanços das metodologias de alfabetização refletem as conquistas no campo do conhecimento humano, permitindo novas elaborações teóricas a respeito da língua escrita e dos processos de ensino e de aprendizagem da mesma.

Para Barbosa[49], os estudos sobre a história das modalidades de ensino da língua escrita permitem perceber a predominância de determinado método em diferentes períodos que podem ser assim agrupados:

a) o período que vai da Antiguidade a meados do século XVIII, marcado pelo uso exclusivo do **Método Sintético**;

---

49 BARBOSA, José J. *Alfabetização e leitura*. São Paulo, Cortez, 1990.

b) o período compreendido entre o século XVIII e o início do século XX, no qual situa-se a oposição teórica ao Método Sintético, através da proposição do **Método Analítico** ou **Global**;

c) o momento atual, marcado pelo questionamento quanto à eficácia tanto do modelo sintético, quanto do analítico. Com fundamento nas pesquisas, especialmente nas que marcaram as últimas décadas, foi acrescentado ao conceito de alfabetização o de *letramento,* entendido como a compreensão dos usos sociais da linguagem escrita, como ponto de partida necessário ao aprendizado da mesma.

Tal divisão histórica desses métodos tradicionais de alfabetização, não significa que os procedimentos metodológicos, característicos de um determinado período, não possam ser encontrados em outras épocas e, de modo especial, nas escolas de hoje.

Assim, as reflexões que se seguem procuram explicitar a utilização da leitura vocalizada nos Métodos Sintético e Analítico – tema central desse estudo - a fim de subsidiar a compreensão das críticas feitas a determinados procedimentos metodológicos empregados pela escola no ensino da língua escrita.

Entende-se por *Método Sintético* os procedimentos de ensino da leitura e da escrita que têm como **ponto de partida as unidades da língua: letra, fonema,** sílaba. Considera o processo de leitura como um esquema somatório dessas unidades em agrupamentos maiores: palavras, sentenças.

Nesta categoria denominada **Método Sintético,** enquadram-se os procedimentos metodológicos conhecidos como **Método Alfabético,** Método Fonético e Método Silábico, quando o ponto de partida é, respectivamente, a letra, o som, a sílaba.

Esse modelo de ensino acompanhou toda a Antiguidade e a Idade Média. Em seus primórdios, o Método Sintético seguia as seguintes etapas: o aprendiz era levado a dominar o alfabeto, nomeando cada uma das letras, independente de seu valor sonoro. A fixação da aprendizagem era buscada por meio da soletração em coro. A seguir, aprendia-se a grafia das letras, iniciando depois as "sínteses" – a reunião das letras em sílabas, palavras... desde aquelas consideradas mais simples às mais complexas.

Nesse sentido, o ato de ler era, também, um exercício de articulação que visava eliminar os defeitos da linguagem oral. Pela leitura vocalizada buscava-se garantir, ainda, a unidade nacional, pela substituição de variados dialetos por um único idioma, em um momento histórico no qual a unidade linguística mostrava-se como de fundamental importância para este fim.

Na segunda metade do século XVIII, o Método Sintético apresentou inovações, substituindo a **soletração** pela **silabação**, ou seja, partiu da sílaba como unidade básica para as "sínteses" formadoras das palavras.

Outra inovação no Método Sintético ocorreu no início do século XIX, quando M. de Laffore propôs, como ponto de partida, a aprendizagem dos "sons das letras" em lugar do seu nome. Sugeriu que se aprendesse primeiramente os sons das vogais e, a seguir, os das consoantes e dos encontros consonantais. Após essa fase inicial, acreditava que a criança pudesse ir oralizando os sons presentes nas palavras e conquistando a capacidade de leitura. Precisou, entretanto, organizar inúmeras regras para resolver os problemas decorrentes da ausência de correspondência biunívoca entre a cadeia sonora e a cadeia gráfica.

O Método Sintético, com enfoque fonético, ressurgiu no início do século XX, com Maria Montessori. Apesar das inovações introduzidas quanto à utilização de materiais concretos e procedimentos estimuladores da ação da criança, o ensino da leitura continuou partindo do aprendizado dos sons dos sinais gráficos da escrita.

Nesse sentido, é importante deixar claro que o **Método Fonético** é aqui entendido como um método tradicional e inadequado para a Língua Portuguesa, na qual há poucos casos de relação biunívoca entre fonemas e grafemas – o que dificulta enormemente a ação dos alfabetizandos em vocalizar os "sons" das consoantes e vogais.

Nas propostas alternativas atuais de alfabetização e letramento, como muito bem mostrado por Soares[50], o trabalho com os aspectos estruturais da língua escrita inclui, dentre outros, a *consciência fonológica,* através da qual a criança passa a perceber que "quando escreve, grava os sons da sua fala". Esse trabalho, intimamente ligado ao *letramento,* é realizado de forma contextualizada e significativa, diferentemente do mecanicismo das propostas do Método Sintético.

Assim, pode-se, afirmar que o Método Sintético insiste, fundamentalmente, na correspondência entre o oral e o escrito, entre o som e a grafia. Neste sentido, todos os procedimentos metodológicos a ele ligados, quer partam da letra, do fonema ou da sílaba, apresentam o aprendizado inicial da leitura e da escrita como uma questão mecânica. Trata-se da

---

50   SOARES, Magda. *Alfaletrar : toda criança pode aprender a ler e a escrever.* São Paulo, contexto, 2020.

aquisição de uma técnica para o decifrado do texto, isto é, ler significa decifrar o escrito em som.

Estudiosos das bases psicológicas das metodologias de alfabetização, tais como Bruno Bettelheim[51] e Emília Ferreiro[52], mostram que essa concepção metodológica fundamenta-se nos postulados da teoria associacionista; repete-se no nível da escrita, o modelo por eles utilizado para explicar o desenvolvimento da linguagem oral: a associação entre estímulos determinados e respostas. No caso da leitura, entre estímulos gráficos e respostas sonoras.

Nessa situação, como a ênfase é posta na análise auditiva e na discriminação visual, a fim de se conseguir memorizar a correspondência grafema-fonema, a questão metodológica volta-se para a correção da pronúncia (a fim de se evitar confusões entre os fonemas) e o cuidado na apresentação dos diferentes sinais gráficos com seus pares sonoros.

O caminho metodológico apresentado, geralmente com apoio de um único material – a cartilha –, propõe a passagem gradativa por um período preparatório

51 BETTELHEIM, Bruno e ZELAN, Karen. *Psicanálise da alfabetização – Um estudo psicanalítico do ato de ler aprender*. Porto Alegre, Artes Médicas, 1984.

52 FERREIRO, Emília. *Reflexões sobre a alfabetização*. São Paulo, Cortez, 1985.

(composto de exercícios de coordenação motora e de discriminação auditiva e visual), seguido de uma fase de leitura mecânica (centralizada no aprendizado da decifração), com a intenção futura de se chegar a uma fase de leitura compreensiva e, mais tarde, à leitura expressiva, com a presença da entonação.

No percurso do método adotado, quer seja ele alfabético, fonético ou silábico, são evidentes o sofrimento e a decepção das crianças, ao buscarem memorizar correspondências entre grafias e sons, inconsistentes e incoerentes com sua prática de falantes da língua, correspondências estas marcadas pela ausência de significado.

A busca da leitura significativa pelo Método Analítico

Por *Método Analítico* ou *Global* entende-se os procedimentos de ensino da língua escrita que partem dos elementos de significado: palavra, frase, texto. As etapas propostas para a aprendizagem seguem o caminho inverso do Método Sintético: por um processo de "análise" a palavra é segmentada em suas unidades: sílaba, fonema, letra.

A partir do século XIX e início do século XX intensificaram-se as críticas ao Método Sintético, realçando seu caráter mecânico e alienado das funções sociais da escrita.

Para os defensores do Método Analítico, a leitura é um ato global e ideovisual. Como sustentação psicológica, fundamentaram-se nos princípios da Psicologia da Forma ou Gestal. Com isso, puderam garantir que a compreensão ocorre a partir da apreensão do todo, entendido não simplesmente como uma somatória de partes, mas como uma "configuração" (*gestalt*).

Em 1936, Ovide Decroly, psicólogo e educador belga, divulgou sua proposta de ensino da língua escrita pelo Método Analítico. Seus postulados metodológicos apoiaram-se na concepção psicológica do caráter sincrético e globalizador da mente infantil. *"No espírito infantil as visões de conjunto precedem a análise"*, afirmava esse estudioso. Propondo a organização das atividades de ensino em centros de interesse, Decroly concebeu a escrita como linguagem autônoma, que remete diretamente ao significado, sem a passagem obrigatória pelo oral.

O Método Analítico entendeu que o ponto de partida da alfabetização deveria ser os elementos significativos da língua (palavras ou orações), ficando a análise de seus componentes para um momento posterior. Nesse sentido, pode-se afirmar que, se até Decroly, o texto era visto como um objeto para ser analisado antes de ser lido, após Decroly, a ênfase recaiu no uso da linguagem escrita, ou seja, na sua função de comunicação.

Entretanto, para Emília Ferreiro[53], muito embora o Método Analítico represente um enorme avanço quando comparado com o Método Sintético, traz, como este, suas limitações. Para essa pesquisadora, ambos (Sintético e Analítico), apesar de se apoiarem em diferentes concepções do funcionamento psicológico do sujeito, e em diferentes teorias da aprendizagem, priorizam as estratégias perceptivas que entram em jogo no ato da leitura: auditiva, para um, visual, para outro.

Assim, as críticas feitas aos procedimentos sintéticos e analíticos de alfabetização apóiam-se no fato de ambos os métodos descuidarem do que se considera como fundamental na aprendizagem da leitura: a competência linguística da criança e as suas capacidades cognoscitivas.

Por outro lado, as práticas de alfabetização com enfoque analítico têm mostrado, nos dias atuais, grandes distorções em relação à proposta original de Decroly. Processos semelhantes aos do método sintético, no que diz respeito à oralização dos sinais gráficos da escrita, como forma de aferição do significado, são amplamente utilizados nos denominados métodos globais de ensino da leitura.

---

53 FERREIRO, Emília e TEBEROSKY, Ana. *Psicogênese da língua escrita*. Porto Alegre, Artes Médicas, 1985

Em lugar de utilizar materiais que, na verdade, foram feitos "para ler" e que estão presentes nas práticas sociais, os procedimentos tradicionais ligados ao Método Analítico ou Global utilizaram materiais produzidos para "ensinar a ler", em forma de *cartilhas* que, mesmo partindo de unidades de sentido (textos), continuaram com a pobreza linguística, próprias desses recursos de ensino.

A análise da situação atual mostra, assim, que os métodos sintéticos e analíticos de alfabetização, com todas as suas possíveis variações, foram amplamente divulgados entre os educadores, inspirando nos mesmos a busca incessante daquele processo que pudesse transformar os aprendizes da linguagem escrita em leitores fluentes.

Experimentados os mais diferentes métodos, o fracasso da escola em formar sujeitos funcionalmente competentes em relação à linguagem escrita permanece como um dos maiores desafios ao desenvolvimento do País.

Resta, pois, perguntar:

- será possível encontrar uma metodologia eficaz, desconhecendo o sujeito e o objeto desse processo? Em outras palavras, poder-se-á aplicar com sucesso um determinado método de ensino da leitura, desconhecendo as condições psicolinguísticas do sujeito aprendiz e a própria língua escrita? Aprender a oralizar o texto garante ao cidadão o uso funcional e compreensivo da leitura e da escrita? Em que medida os avanços dos estudos multidisciplinares nessa área provocaram transformações nas práticas pedagógicas dos alfabetizadores?

No capítulo que se segue são apresentadas concepções de educadores atuais, relativas a questões dessa natureza.

6

CONCEPÇÕES DE LEITURA - O QUE PENSAM OS ALFABETIZADORES

Com o objetivo de discutir a concepção de linguagem escrita na ótica dos alfabetizadores, e como tal concepção é traduzida em sua prática pedagógica, foi realizada uma pesquisa com 50 professores alfabetizadores, atuantes na 1ª série do ensino fundamental (atual 2º ano) da rede pública de escolas do estado de Minas Gerais, na região do Triângulo Mineiro[54].

Escolheu-se essa população tendo em vista:

a) Seu envolvimento direto com a alfabetização, no sentido estrito do termo, ou, como define Soares[55], *"alfabetização é aqui entendida como o processo de aquisição das habilidades básicas de leitura e escrita"*.

---

54 *Os dados coletados nessa pesquisa fizeram parte da nossa dissertação de mestrado, sob o título "Leitura: da escrita da fala à fala da escrita – Um estudo de distorções no ensino da leitura nas classes de alfabetização", apresentada ao Programa de Mestrado em Educação Brasileira da Universidade Federal de Uberlândia, em 1995.*

55 SOARES, Magda. *Alfabetização no Brasil – O estado do conhecimento.* Brasília, Inep/Reduc, 1991.

b) o fato de a rede pública atender crianças geralmente pertencentes às camadas populares. Muitas
dessas crianças, provavelmente a maioria, não têm
um ambiente familiar de *letramento*, ou seja, que
permita a ampla convivência com atos de leitura
e de escrita. Em consequência, fica para a escola a
grande responsabilidade de formar as estratégias
básicas de leitura, que possam garantir o uso da
linguagem escrita em situações funcionais, e pos-
sibilitar o aprimoramento dessas estratégias pelo
próprio uso das mesmas.

Como instrumento da pesquisa utilizou-se um
questionário composto de questões fechadas e uma
questão aberta visando apurar, de modo especial:

- a interferência dos modelos pessoais de leitura do
professor na sua metodologia de ensino;

- a concepção de leitura do professor face à construção de significados na leitura silenciosa e na
leitura vocalizada.

Da análise das respostas dos professores ao questionário pôde-se apurar, dentre outros dados, que:

- 50% dessa população utiliza, em seus procedimentos pessoais de leitura, a estratégia de transformação do escrito no oral, acreditando que tal
procedimento facilita a compreensão do texto;

- 82% também acreditam que a leitura com mediação sonora favorece a construção do significado do texto na leitura dos alunos;

- 72% dos alunos empregam o modelo de vocalização da escrita na leitura de palavras conhecidas e 92% no caso de palavras desconhecidas, o que demonstra o uso dessa estratégia não apenas como "ensaio" na descoberta de novas palavras, mas como forma sistemática de leitura;

- 100% dos professores usam, com prioridade, a leitura em voz alta sobre a leitura silenciosa nas suas aulas de alfabetização.

Tais dados, juntamente com outras informações apuradas, permitem inferir que o comportamento de ler em voz alta é solicitado aos alunos por grande parte dos professores, como forma de ensino e de avaliação da aprendizagem da leitura, e como recurso para corrigir os possíveis erros de decodificação.

Comentar, discutir, expressar o conteúdo do texto escrito, após a sua leitura silenciosa, não são alternativas frequentemente utilizadas para aquele fim.

Tem-se, assim, como procedimento metodológico, ora a leitura individual subvocalizada, ora a leitura em voz alta "em coro", ou, ainda, de um aluno por vez, enquanto os demais o acampanham em silêncio –

fato de conhecimento público, facilmente verificável nos depoimentos dos professores, como também em nossas experiências pessoais dos primeiros anos de escolaridade.

Tanto no caso da leitura individual, subvocalizada ou em voz alta, quanto no da leitura realizada conjuntamente, os efeitos negativos são evidentes. Isso porque, a interiorização progressiva desse procedimento acaba por gerar o tipo de leitor que, mesmo silenciosamente, continua subvocalizando mentalmente o texto.

Por outro lado, se a leitura é feita "em coro", a conquista de estratégias individuais cede lugar ao ritmo do grupo como um todo. E, mais ainda, no comportamento de "acompanhar com os olhos" a leitura oral do outro, ocorre uma imensa limitação das possibilidades de construção das estratégias de leitura silenciosa, exatamente por "forçar" a leitura linear, sem nenhum "salto visual" que possa criar antecipações do significado.

Como agravante dessa situação, mesmo que o leitor aprendiz aumente, inconscientemente, a velocidade de sua leitura, correrá o risco de sofrer punições ao ser chamado a "continuar em voz alta a leitura do colega" e demonstrar, na ótica do professor, que "não está acompanhando a lição".

A pesquisa buscou apurar, também, o uso de marcadores da movimentação dos olhos na leitura, tais como lápis, o próprio dedo e outros. As respostas dos professores demonstraram que apenas uma pequena parte dos alunos (4%) é capaz de ler sem marcar materialmente a direção espacial do movimento dos olhos. Os demais apresentam dependência total ou parcial desse artifício, que é usado de forma sistemática por 44% deles e esporadicamente por 52%. Ora, uma leitura realizada necessariamente com esse tipo de "marcadores" deverá acompanhar a linearidade da escrita, impedindo os "saltos visuais" a favor da antecipação do significado, da velocidade da leitura e da compreensão.

Além disso, tal procedimento traduz a concepção tradicional do papel dos olhos na leitura: a de que os mesmos precisariam correr lentamente sobre as linhas escritas, buscando assimilar letra por letra, síbala por sílaba, que, reunidas mecanicamente, iriam gerando o sentido do texto.

Contrariamente, várias pesquisas, tais como as de Émile Javal e William Gray, citadas em capítulo anterior, provaram que não pode haver percepção visual com os olhos em movimento sobre um objeto estático. A leitura processa-se, assim, através de fixações visuais seguidas de "saltos" para novas fixações.

A observação da prática pedagógica nas classes de alfabetização tem demonstrado, assim, que, muitas vezes, o professor sugere para os alunos este modelo de leitura linear com "marcadores", tanto no quadro-de-giz quanto na leitura de textos impressos, o que permite concordar com Bajard[56]:

> *"Assim como ele (o professor) exige do aluno concentrado atenção ao desenrolar das palavras nos seus lábios, ele também lhe solicita que siga a concatenação das letras no texto, muitas vezes com o dedo colado no fio condutor da linha... Já que compreender a articulação de um discurso oral exige uma atenção sem trégua ao fluxo das palavras, do mesmo modo o professor considera pertinente impor a tirania da linha, privando o olho do leitor de sua habilidade de apreender as duas dimensões da página."*

As respostas dos professores permitiram analisar, também, suas concepções acerca das estratégias de leitura em voz alta ou subvocalizada e de leitura silen-

---

56 BAJARD, Elie. *Ler e dizer – Compreensão e comunicação do texto escrito*. São Paulo, Cortez, 1994.

ciosa, direcionadas para a formação do leitor. Nesse sentido, pôde-se apurar que:

c) quanto à estimulação da velocidade da leitura, a grande maioria dos professores (96%) acredita que essa habilidade poderá ser especialmente desenvolvida com a leitura oral ou subvocalizada. Ora, os estudos, tais como os citados em capítulos anteriores, mostram claramente que essa concepção não se sustenta cientificamente. Do ponto de vista neurológico, sabe-se que o processo de levar o estímulo "dos olhos ao cérebro" é naturalmente mais rápido do que o de acrescentar a esse processo o retorno através dos sons da fala. As pesquisas provam que mesmo um leitor mediano é capaz de ler silenciosamente em ritmo três vezes mais rápido do que o utilizado na leitura em voz alta. Consideram, assim, que a "leitura normal" deve se processar em torno de 200 a 300 palavras por minuto, conforme mostrado por Smith[57]. A esses dados, podem-se acrescentar as conclusões dos estudos sobre o papel da memória na leitura. Para que a memória de curto prazo possa ir armazenando as informações visuais, de forma que as mesmas possam se integrar num processo facilitador da compreensão, faz-se necessário que o ritmo dessa

---

57 SMITH, F. *Compreendendo a leitura – Uma análise psicolingüística da leitura e do aprender a ler*. Porto Alegre, Artes Médicas, 1989.

assimilação não seja demasiadamente lento. Isso pode explicar o fato de os leitores aprendizes se perderem no processo de "silabação", necessitando de uma releitura para entender o conteúdo do texto;

d) mais de 50% desses professores acreditam que a transformação do escrito no oral favorece tanto a compreensão quanto a antecipação do significado. No caso da compreensão, pode-se questionar facilmente essa concepção com base nas evidências sobre as dificuldades enfrentadas na leitura oral, mesmo pelo leitor fluente. Para este, também a garantia do significado necessita estar amparada em boas condições de conhecimentos prévios, tanto linguísticos quanto "de mundo". Por outro lado, ao se conceber a leitura como um processo de reconstrução de significados na interação dinâmica do leitor com o texto, questiona-se a possibilidade de tal processo ser conquistado, através da utilização sistemática da leitura vocalizada, nos passos iniciais da formação das estratégias de leitura. Consequentemente, a antecipação, através da qual a fluência da leitura é altamente favorecida, dificilmente será conseguida pelos alfabetizandos, em sua leitura com mediação sonora e limitada à linearidade do texto, como crêem mais de 70% dos professores;

e) ao se posicionarem sobre a formação do gosto pela leitura, na categoria "interesse", também mais da metade dos professores (64%) atribuem à leitura oral ou subvocalizada o papel de facilitadora dessa atitude. Nesse sentido, ao discutir a respeito dos aspectos afetivos dessa aprendizagem, e do desinteresse de muitas crianças pela leitura, Bettelheim e Zelan[58] afirmam:

> *"Estas são, frequentemente, crianças cujas experiências iniciais e posteriores com a leitura não foram experiências em que elas foram capazes de se envolver pessoalmente. Pelo contrário, a leitura foi experienciada como um procedimento essencialmente passivo, de mero reconhecimento de letras, palavras e frases que ficavam vazias de qualquer significado mais profundo."*

Ao se identificar o modelo de "fonetização da escrita" como representativo de concepções mecanicistas de leitura, conforme os dados históricos, psicológicos, linguísticos e metodológicos apresentados em capítulos anteriores, cabe questionar sobre o papel da leitura oral ou subvocalizada (tal como vem sendo trabalhada pela escola) na formação do gosto pela leitura. Observações da realidade educacional têm

---

58 BETTELHEIM, Bruno e ZELAN, Karen. *Psicanálise da alfabetização – Um estudo psicanalítico do ato de ler aprender*. Porto Alegre, Artes Médicas, 1984.

mostrado uma outra situação paralela, e não menos grave. Percebendo a desmotivação das crianças, muitos professores buscam criar incentivos (jogos, prêmios, ilustrações etc.) que possam gerar, de alguma forma, condições de ludicidade e de interesse nas crianças. Tal comportamento metodológico, que em nada altera o mecanicismo do ensino da leitura, apresenta o imenso risco de fixar, ainda mais rapidamente, o modelo de leitura como mera decodificação sonora, que não exige nenhum esforço inteligente de construção de sentido;

d) na categoria "formação de bons leitores para a vida", as respostas dos professores apresentam, curiosamente, uma mudança de enfoque, ou seja, a importância da leitura silenciosa é registrada por 70% dos alfabetizadores. Acredita-se que esses professores percebem, intuitivamente, que na formação do leitor fluente para as múltiplas funções da linguagem escrita, são necessárias as estratégias de leitura silenciosa. Ocorre, assim, uma dicotomia entre o que entendem como importante no ensino da língua escrita e o que acreditam ser necessário ao leitor adulto. Essa dicotomia é reforçada pelo entendimento de que a alfabetização deve iniciar-se por um período de aquisição do mecanismo da leitura, como um estágio preparatório ao "verdadeiro comportamento de leitor", o que permite perceber que a concepção de leitura expressa nos procedimentos metodológicos nas classes de alfabetização pode ainda repetir, nos dias de hoje, os modelos do passado.

7

O ENSINO DA LEITURA FLUENTE E NÃO "SILABADA"

A importância da capacitação dos alfabetizadores

As reflexões apresentadas ao longo dos capítulos anteriores, acerca das relações entre o pensamento e a linguagem e sobre as estratégias de leitura, bem como a pesquisa realizada com os professores alfabetizadores, permitem levantar algumas conclusões sobre a questão da leitura oralizada nas classes de alfabetização.

Acredita-se ser possível afirmar que os professores, em sua maioria, ainda ensinam a ler por meio de procedimentos que estimulam, reforçam e fixam como hábito, a leitura através da vocalização ou subvocalização dos sinais gráficos da escrita.

Tal afirmativa sugere, de imediato, o questionamento das razões que têm mantido uma distância entre os estudos multidisciplinares, que provocaram um avanço do conhecimento sobre a leitura, e a metodologia de ensino do professor.

Nesse sentido, é possível constatar que, apesar de terem conhecimento das descobertas realizadas no âmbito da Psicologia Cognitiva, das Ciências da Linguagem e, mais recentemente, da Neurociência aplicada à Educação, grande parte dos professores não tem conseguido modificar concepções tradicionais de ensino da leitura a ponto de gerar transformações profundas na sua prática pedagógica.

Projetos nos quais se busca capacitar um profissional em serviço, muitas vezes se restrige à apresentação de estudos acerca das pesquisas de Emília Ferreiro acerca da *Psicogênese da língua* escrita (de fundamental importância) e a descrição de métodos de alfabetização.

Nessas situações, nem sempre se abre a possibilidade para que o professor vivencie momentos de observação, experimentação e reflexão, analisando resultados no comportamento dos seus alunos, num processo de reflexão-em-ação, fundamental à incorporação efetiva de novas informações em forma de conhecimento construído.

Assim, sentindo a necessidade de demonstrar, para a sociedade ou para o próprio sistema educacional, comportamentos pedagógicos atualizados, o professor, geralmente apoiado em frágeis bases teóricas, e não suficientemente convencido, passa a adotar posturas metodológicas que camuflam suas concepções tradicionais, sem, contudo, modificá-las em profundidade.

A utilização da leitura vocalizada no ensino da leitura nas classes de alfabetização pode demonstrar a veracidade dessa afirmativa. Isso significa que tais educadores tendem a mesclar práticas denominadas construtivistas com a proposta de ensino da leitura que prioriza o modelo mecanicista de decodificação do escrito no oral, mesmo quando a cartilha tradicional é substituída por portadores de textos com função social.

Nesse caso, ao trazerem para a criança o componente do prazer e da ludicidade, esses alfabetizadores correm o risco de favorecer, ainda mais rapidamente, a fixação da leitura vocalizada como um hábito no comportamento do leitor.

Tal constatação sugere um questionamento sobre a capacitação dos alfabetizadores e a necessidade de se buscar propostas metodológicas alternativas, que possam provocar mudanças significativas na sua prática pedagógica.

É importante estar convencido, conforme se afirmou anteriormente, de que não basta "doar" uma determinada teoria aos professores, mas "provocar um processo de reflexão", que permita o intercâmbio entre o conhecimento acadêmico e a competência prática.

Isto poderá ser favorecido quando, além de relatar e discutir sua prática educativa com seus pares, com base em determinados princípios ou experiências pedagógicas, o professor puder tomar consciência de suas crenças implícitas (geralmente inconscientes), que direcionam sua ação em sala de aula.

No caso específico do ensino da leitura com mediação sonora, uma análise histórica da necessidade da leitura vocalizada no passado, e de suas novas funções no mundo moderno, acompanhada de observações das estratégias pessoais de leitura, poderá facilitar, como ponto de partida, a compreensão da necessidade da mudança.

Paralelamente, algumas **questões conceituais** básicas deverão ser discutidas com os alfabetizadores, tais como as que são abordadas a seguir.

Falar é diferente de ler em voz alta

Uma questão básica a ser entendida pelos professores é a de que a fluência da linguagem oral, observada nas crianças de 6 ou 7 anos, não poderá ser naturalmente transposta para a leitura oral.

Enquanto na linguagem oral o texto é elaborado à medida que é enunciado, numa construção feita de pausas, hesitações, palavras de espera e, mesmo, de certa improvisação, e tem por base significados previamente construídos pelo sujeito, no texto escrito predominam um vocabulário e uma sintaxe mais elaborados, organização textual mais independente do contexto do enunciado, e significados, na maioria das vezes, construídos por outrem.

Nesse caso, o leitor aprendiz, ao se preocupar com a pronúncia, o ritmo e a entonação, e com a avaliação do modelo de sua leitura oral segundo os padrões do dialeto de prestígio, dificilmente é capaz de garantir, concomitantemente, o significado.

A evidente inadequação das metodologias de ensino da leitura pelo modelo da "decodificação fonológica" é explicada, assim, pela impossibilidade de a criança apresentar, no início dessa aprendizagem, comportamentos que ao mesmo tempo coloquem a linguagem como instrumento e objeto do pensamento.

Nesse sentido, é importante compreender que, se no passado, acreditava-se que na construção do sentido da leitura, era necessário *emitir som para entender*, as pesquisas atuais têm mostrado o contrário: é preciso *entender para emitir som.*

Isso significa que, à exceção da leitura feita em Braille, por aqueles que não podem enxergar, o processamento do sentido está diretamente na dependência das relações entre os olhos e o cérebro, conforme demonstrado em capítulo anterior, e muito bem demonstrado por estudos da Neurociência, como os de Dehaene[59].

Assim, não se pode chamar de leitura a mera oralização dos sinais gráficos, se essa vocalização das sílabas da palavra não se fizer acompanhar da antecipação do sentido - o que permite garantir a entonação e toda a expressão emocional que necessariamente deve acompanhá-la. É exatamente por isso que os olhos, na verdadeira leitura em voz alta, estão sempre adiantados em relação à voz do leitor.

No passado, aqueles que demonstravam competência para transmitir oralmente o texto escrito, em leitura fluente e expressiva, tinham um grande prestígio social. Entretanto, entendia-se que o caminho para tal conquista era decorrente de um *aprimoramento da decifração*. Por essa razão, mesmo aqueles que almejavam alcançar essa modalidade de leitura vivenciavam o sofrido processo do treino intensivo, mecânico e repetitivo de decodificação dos sinais gráficos em sons da fala.

Tal concepção metodológica, ao ser incorporada pela escola nas atividades de ensino da leitura, enten-

---

59 DEHAENE, Stanislas. **Os neurônios da leitura: como a ciência explica a nossa capacidade de ler.** Porto Alegre, Penso, 2012.

deu ser necessário intensificar, ainda mais, o período de decifração, adiando para o *futuro* a leitura significativa, a interação do leitor com o texto e o prazer que tudo isso proporciona.

Tristemente, pode-se constatar, assim, que faltou à escola perceber que esse *futuro* poderia ser tarde demais (!).

A legitimidade da "leitura oral"

Na vida, em situações esporádicas, investimos em projetos de *leitura oral* atendendo à necessidade de socialização do texto escrito, por nosso interesse ou por interesse do outro, que não dispõe do texto ou não pode lê-lo.

Trata-se, portanto, de uma comunicação de um texto através da leitura, e, como tal, deverá traduzir os sentimentos do seu leitor, sejam eles de indagação, depreciação ou de entusiasmo.

É interessante notar que, historicamente, mesmo com o aumento gradativo do número de pessoas com domínio da leitura, as práticas vocais do texto não desapareceram da vida em sociedade.

No passado, essa prática tornara-se necessária porque poucas pessoas sabiam ler. Hoje, sua presença se dá como uma das variadas modalidades de comunicação do texto escrito, a exemplo do jornal televisivo, das conferências científicas ou dos discursos no campo político ou religioso, dentre outras.

Com recursos da memória, a comunicação oral do texto escrito aparece, também, no campo da arte dramática: nas peças de teatro, nas novelas televisivas e nas sessões de declamação.

Nesse sentido, quando se fala de *leitura oral*, entende-se que a mesma deverá ser concebida como uma habilidade que se apóia na leitura, mas que é exterior a ela – e que deve ser objeto de um aprendizado específico, posterior ao da leitura, no seu verdadeiro sentido.

A legitimidade da comunicação oral do texto escrito deverá ser garantida, pela escola, mesmo nas séries iniciais, em situações de *leitura oral*, **motivada e significativa**, como quando, por exemplo, alguém lê para o grupo um texto literário por ele criado ou uma informação importante trazida de casa, tal como se verá na parte deste capítulo dedicada às questões metodológicas.

É importante lembrar, também, que essas situações de estímulo à *leitura oral* não se confundem com o processo de "silabação" do aprender a ler, defendido pela escola tradicional.

O caráter avaliativo da leitura em voz alta, que vem sendo imposto pelas metodologias de alfabetização, tem *expulsado* da escola inúmeras crianças, potencialmente bons leitores, levando-as a integrar o grande número de *analfabetos funcionais,* frustrados e inibidos em qualquer situação de leitura e de expressão do pensamento através da escrita. São aqueles que, para justificar tal comportamento de fracasso, num mundo essencialmente grafocêntrico, costumam dizer que *não gostam de ler.*

Torna-se, pois, necessário e urgente que a escola compreenda que uma coisa é **produzir leitura**, na interação individual do pensamento com a linguagem escrita, e outra é **transmitir leitura**, ou seja, comunicar ao outro o texto lido, o que pode, é claro, ocorrer em situação de simultaneidade, se o sujeito já construiu essa competência.

Nesse sentido, **alguém pode ser um bom leitor e um mau emissor**. Diante de um público hostil, ou em situações avaliativas, naturalmente geradoras de tensão, muitos leitores fluentes podem apresentar uma "dislexia funcional": leitura fragmentada, sem entonação e sem a comunicação do sentido esperado. Assim acontece, também, com a maioria dos alfabetizandos ao "darem a lição de leitura" e, muito mais, ao "lerem um texto à primeira vista", como critério de aprovação escolar.

Deve, pois, ficar claro que o sucesso na transmissão oral do texto depende, em primeiro lugar, do bom desenvolvimento das estratégias de leitura visual, bem como das condições emocionais do sujeito e de suas possibilidades em articular o conteúdo com seus conhecimentos prévios, conforme já se demonstrou anteriormente.

A leitura vocalizada e os prejuízos na formação de sujeitos leitores

a) **Do ponto de vista metodológico, a utilização da leitura vocalizada faz com que a criança leia pouco e conviva com textos linguisticamente pobres**

Isto porque, a leitura vocalizada das crianças é, de um modo geral, lenta e fragmentada, o que leva o professor a fazer com que o mesmo texto seja lido muitas vezes, com o objetivo de gerar, no seu entender, a fixação daquela aprendizagem.

Além disso, e no intuito de facilitar a leitura das crianças, o professor seleciona cuidadosamente os textos, buscando aqueles que considera "mais simples". Nesse sentido, é provável que atrás da concepção de "simples" esteja, exatamente, a pobreza linguística encontrada facilmente nos textos das cartilhas tradicionais.

Portanto, não se pode confundir "simples" com "fácil", que, em relação à leitura, significa o familiar, o que está presente no mundo, o que tem significado para o sujeito, e não as unidades da escrita desprovidas de sentido ou os materiais de leitura com evidente distância dos interesses de seus leitores.

Prova evidente disso é a leitura feita pelas crianças, muitas vezes antes de sua chegada à escola, dos anúncios televisivos, dos nomes de seus heróis, dos rótulos de guloseimas... todos com as mais variadas dificuldades linguísticas, e muitas vezes até em língua estrangeira.

Conclui-se, assim, que a situação da aprendizagem da leitura é análoga à da aprendizagem da fala: a nenhum adulto ocorre, nesse processo, ocultar da criança certos fonemas da língua porque são difíceis; as pessoas falam e cantam com as crianças sem se preocupar com a ordem sequencial de dificuldades dos fonemas. Em contextos funcionais, a criança tem ampla liberdade de mergulhar no mundo da linguagem oral, construindo significados; seu contato com esse objeto social não se limita a repetir várias vezes o que lhe manda o adulto.

Falta, pois, à escola conceber o sujeito aprendiz da leitura como inteligente e curioso em relação às coisas do mundo que lhe parecem interessantes, atraentes e com possibilidade de garantir-lhe (tal como na linguagem oral) alguma forma de poder.

b) Quanto ao ensino da escrita, a leitura vocalizada prejudica tanto a produção de textos quanto a aprendizagem da ortografia

A leitura vocalizada nas classes de alfabetização é exercitada, geralmente, com base em textos que foram didaticamente elaborados para "ensinar a ler" e não naqueles feitos "para ler", no sentido funcional e significativo. Os reflexos da interiorização sistemática desse modelo de produção escrita aparecem, como era de se esperar, nos textos construídos pela criança, cuja carência de elementos de coerência e de coesão tende a permanecer nas suas futuras expressões em linguagem escrita.

Além dessa consequência, convém destacar os efeitos da leitura vocalizada na aprendizagem da ortografia. O leitor fluente, no seu movimento veloz e seletivo, utiliza-se de indícios da própria escrita para confirmar suas hipóteses sobre o sentido do texto. Dentre esses indícios estão as marcas ortográficas. Ora, se a escola seleciona textos de leitura considerados adequados à fase inicial dessa aprendizagem, serão, provavelmente, aqueles sem distinções ortográficas significativas, não chamando, pois, a atenção da criança para esse fato.

Por outro lado, se a leitura acontece de forma oralizada, a distinção ortográfica, como por exemplo no caso de palavras homófonas, não fará nenhuma diferença no resultado fonético da leitura, sendo, pois, desconsiderada por parte do leitor.

Pode-se concluir, assim, que a oralização na leitura pode levar a uma "cegueira ortográfica", condicionando futuros comportamentos de negligência com esse aspecto da língua, facilmente encontráveis em estudantes de estágios mais avançados.

c) **Do ponto de vista motivacional,** não se pode construir o gosto pela leitura com atividades monótonas, **repetitivas e desprovidas de significado**

Impossibilitada de realizar uma leitura compreensiva por meio da decodificação sonora, a criança passa a tratar a representação gráfica dos fonemas como elementos novos e desconhecidos, e não como sons de sua língua materna. Não é raro, assim, a criança ter dificuldade em identificar, pela leitura, palavras conhecidas, por exemplo, ao ler "bo-lo" (com a pronúmcia aberta do "o") ou cometer falhas e trocas que não ocorrem na sua linguagem oral.

Cabe acrescentar, ainda, que na realidade brasileira, marcada por profundas desigualdades sociais, um grande número de crianças não tem oportunidade de usufruir de experiências significativas de leitura e de escrita em suas famílias. Ao chegarem à escola, muitas dessas crianças, oriundas de ambientes marcados pela oralidade, podem não ter se convencido da necessidade de aprender a ler.

Assim, ao entrarem em contato com os procedimentos tradicionais de aprendizagem da leitura, focados na vocalização dos sinais gráficos da escrita, podem não compreender "por que devem fazer tanto esforço, se podem falar tudo o que está escrito, se a escrita aparece como um mero substituto da fala".

Nesse caso, aquelas crianças que esperavam que tal aprendizado pudesse ajudá-las a realizar seus projetos de leitura no seu cotidiano frustram-se diante de inúmeras situações de mera decoficação da escrita. Desmotivadas, são levadas a entender a leitura como uma atividade meramente escolar, passando a integrar o grande grupo de brasileiros para os quais o ato de ler não aparece como um hábito e como uma habilidade que pode proporcionar desenvolvimento pessoal e social e muito prazer.

d) Quanto à formação do leitor, a escola precisa se preocupar com a construção das estratégias de leitura significativa nas classes de alfabetização

As afirmativas anteriores deixam clara a importância de se preocupar com a formação do leitor, desde os contatos iniciais da criança com a língua escrita.

Entende-se que a mudança na forma de aprendizagem da leitura, aqui defendida, implica a modificação de comportamentos profundamente arraigados, tanto na escola quanto na família. Prova evidente desse fato pode ser vista no comportamento de crianças pequenas que, aos 3 ou 4 anos, já explicitam uma dicotomia na sua produção oral: espontânea e fluente quando fazem suas narrativas; "silabada" e sem expressão quando buscam imitar um comportamento de leitor, certamente observado nos irmãos mais velhos ou nos leitores adultos com os quais convivem.

Sabe-se, hoje, do peso desempenhado pelas experiências extra-escolares, principalmente no seio da família, em relação à formação do interesse pela leitura. Entretanto, a preocupação da escola deverá estar especialmente voltada para a grande maioria das crianças brasileiras, em cujos lares não se vivenciam rotineiramente atos de leitura e de escrita, de forma intensa e significativa, que possam levar a uma motivação intrínseca para essas atividades.

Acredita-se, assim, que entre os princípios metodológicos a favor da formação de crianças leitoras, deve estar a substituição do modelo de ensino da leitura, centralizado na decodificação sonora, pelo processo de *leitura silenciosa*. Uma mudança dessa natureza não se constitui em condição suficiente para a formação do leitor, mas em condição favorável à prática da leitura como algo inseparável da compreensão.

Para tanto, é necessário que o professor entenda que *"a leitura é importante na escola porque é importante fora dela"*, Ferreiro[60], para que possa oportunizar projetos de leitura com os mais diferentes portadores de textos, tal como se encontram nas situações funcionais do cotidiano.

Permitir que a criança levante hipóteses com base nos indícios desses portadores; favorecer a construção do sentido através da utilização de seus conhecimentos prévios (linguísticos e de mundo); organizar situações de discussão do conteúdo após sua leitura silenciosa; permitir que a leitura seja essencialmente seletiva e que os olhos não se prendam à linearidade da escrita são comportamentos metodológicos que podem favorecer a formação das estratégias de leitura compreensiva.

É preciso que os alfabetizadores compreendam que **a criança deve ler significativamente para aprender a ler e para aprender muitas coisas lendo.** Esta concepção recupera o prestígio da leitura na escola desde o início da alfabetização, prestígio este, ocupado, ainda em muitas escolas atuais, pela escrita mecânica, por meio de exercícios psicomotores com os quais se afirma estar "preparando a criança para ler e escrever".

---

60 EMÍLIA, Emília. *Com todas as letras*. São Paulo, Cortez, 1992.

8

PRÁTICAS DE LEITURA ORAL E SILENCIOSA COM OS ALFABETIZANDOS

Anos e anos de decifração oralizada da escrita, como método e como avaliação do ensino da leitura, podem levar os alfabetizadores à seguinte questão:

- como saber se a criança está aprendendo a ler se ela não estiver decodificando em voz alta para o professor?

Emília Ferreiro, além de muitos outros estudiosos do ato de ler e de aprender a ler, tem insistido na tese de que **decifrar não é ler, assim como copiar não é escrever**, o que remete à necessidade de se repensar as práticas escolares de ensino da língua escrita.

Portanto, as propostas de intervenção pedagógica devem partir do pressuposto de que, como todas as demais aprendizagens, a linguagem escrita supõe um processo de construção pelo sujeito, no qual o seu saber construído, ao se ver envolvido em novos encontros, reorganiza-se e, como consequência, progride.

É exatamente para esse sujeito, como ser ativo, inteligente e curioso em relação às conquistas do mundo que o cerca, que são propostas as atividades de convivência com atos de leitura significativa, como as que se seguem.

Antes, porém, deve ficar claro que essas propostas limitam-se às atividades voltadas para a **leitura como prática social** – objeto deste estudo. A elas deverão ser associadas muitas outras, voltadas para os aspectos estruturais da língua e para o aprendizado da escrita, garantindo-se sempre o caráter contextualizado e prazeroso que deve acompanhar toda e qualquer situação de ensino.

Para tanto, alguns princípios metodológicos se fazem necessários:

O letramento como ponto de partida

Embora se apresente nas pesquisas atuais como um termo polissêmico, pode-se afirmar que o *letramento*, entendido como um processo mais amplo que o da alfabetização, envolve, no dizer de Kleiman[61],

> *"...o conjunto de práticas sociais, cujos modos específicos de funcionamento têm implicações importantes para as formas pelas quais os sujeitos en-*

---

61 KLEIMAN, Angela B. (org.). *Os significados do letramento – Uma nova perspectiva sobre a prática social da escrita.* Campinas, Mercado de Letras, 1995.

*volvidos nessas práticas constroem
relações de identidade e poder".*

Nesse sentido:

- "um sujeito pode ser *alfabetizado* sem ser *letrado"*, se a única forma de acesso ao texto que lhe foi ensinada pela escola – a transformação do escrito no oral – não tem eficácia na busca de respostas para resolver as questões que o mundo lhe propõe;

- "alguém pode ser *letrado* sem ter sido *alfabetizado"* – situação encontrada no comportamento de não escolarizados, que desenvolveram formas adaptativas às práticas socias da linguagem escrita, mesmo sem a habilidade de escrevê-la materialmente; à semelhança das crianças que, muito antes de entrarem para a escola, já percebem a onipresença da escrita no mundo e desenvolvem formas de comprendê-la: constroem expectativas sobre os diferentes conteúdos encontrados nos portadores de textos e já têm claro para si, o que a escrita representa nos seus múltiplos usos;

- "outros podem ser *alfabetizados* e *letrados"* – é o que se espera da escola, isto é, que forme sujeitos capazes de demonstrar eficazmente a prática social de sua competência alfabética, o que, inegavelmente, lhes ampliará as possibilidades de identidade e poder, diante das duas outras categorias.

Nesse sentido, dois aspectos metodológicos destacam-se como de fundamental importância:

▸ **A criação de um ambiente escolar de letramento**

- Trazer para a escola os mais variados portadores de textos, presentes no mundo: livros com textos informativos e literários, revistas, *gibis*, jornais, propagandas comerciais, rótulos e embalagens, documentos, cédulas monetárias, boletos de cobrança, notas fiscais, passagens de transporte, catálogos telefônicos, cartazes, calendários e muitos outros;

- garantir a presença de outras formas notacionais além das alfabéticas, para as quais a leitura também se faz necessária: mapas e globos, variados materiais portadores de notações numéricas, esquemas, gráficos, logomarcas etc.

▸ **O professor como leitor**

- Ler diariamente para as crianças, os mais variados tipos de texto que circulam na sociedade. Nesse caso, só poderá fazer uma boa transmissão oral do texto escrito aquele professor que for um "bom leitor", isto é, que tiver desenvolvido boas estratégias de leitura visual – o que lhe permitá fazer uma produção oral acompanhada da entonação e das emoções implícitas no próprio texto. Importante lembrar que toda leitura tem uma finalidade, um objetivo, que direciona a escolha do portador de texto adequado e a forma de lê-lo. Garantir a sonoridade e o ritmo na leitura de um poema, o suspense na notícia do jornal, a curiosidade na leitura informativa, a velocidade na busca de um número no catálogo telefônico, a forma dialógica da história em quadrinho, as pausas na leitura de instruções é, dentre outras, competências que devem ser sistematicamente demonstradas pelo professor para aqueles que buscam compreender, antes de mais nada, o que a escrita representa.

- Ler com ritmo e entonação, mas sem confundir essa atitude de leitor com os exageros na expressão vocal, ou com seu oposto: a leitura *recto-tono* como outrora realizada nos conventos e seminários (na mesma altura e sem nenhuma inflexão da voz). Além disso, a busca da clareza na pronúncia não poderá levar o professor a inventar um *dialeto escolar* demonstrado, num jeito especial de ler, uma forma que nunca será encontrada fora da escola.

- Ler os textos literários tal como foram escritos pelo autor, sem misturar o momento de ler histórias com o de contar histórias – ambos fundamentais ao desenvolvimento da criança. A importância dessa atitude reside no fato de a criança poder interiorizar a organização textual da linguagem escrita, diferenciando-a da linguagem oral, de forma a poder expressar essa interiorização nas suas produções.

- Aproveitar as mais diferentes situações para ler em busca de informações, demonstrando para as crianças que a leitura é uma fonte inesgotável de conhecimento e de prazer.

- Permitir que as crianças possam observar o professor em momentos de leitura com os olhos, seguidos de uma comunicação oral do conteúdo do texto para os alunos, numa demonstração natural de que não é preciso oralizar para compreender.

Expressando oralmente na "linguagem que se escreve"

Na medida em que aqueles que sabem ler servem de mediadores entre a criança e o texto, a forma de organização textual da linguagem escrita passa a ser interiorizada, capacitando os alfabetizandos para expressar oralmente esse modelo de discurso. Mostrando a grande importância desse processo, especialmente na fase inicial do aprendizado da leitura, Teberosky[62] afirma que o caminho deverá ser *"primeiro a linguagem*

---

62 TEBEROSKY, Ana. *Aprendendo a escrever – Perspectivas psicológicas e implicações educacionais*. São Paulo, Ática, 1994.

escrita, depois a escrita da linguagem", e não o mero treino da escrita do código alfabético.

Para tanto:

- criar momentos de reconto de textos literários, nos quais a criança reproduz oralmente a história buscando o máximo de aproximação com as palavras do livro. Para isso, os contos de fada, por se apoiarem em narrativas lineares e em imagens, facilitam, sobremaneira, esse trabalho, além de imprimirem no mesmo o componente do prazer. Interessante observar como as crianças conseguem garantir nessa reprodução as características do gênero narrativo, sem modificar o tema da história, incluindo palavras substitutas para aquelas que não conseguem recordar, a fim de que seja garantido o sentido. O objetivo não é, portanto, o aprendizado da história em si, mas, conforme foi dito, o desenvolvimento da textualidade, isto é, das construções linguísticas que constituem a "linguagem que se escreve";

- criar momentos de expressão oral de outros tipos de texto escrito: reproduzir ou criar simulações de noticiários de TV; ditar, para o professor, ou mesmo para os colegas, textos literários, relatórios, cartas, bilhetes, recados, convites etc, adequando cada produção à forma linguística dos diferentes tipos de discurso.

Antecipando o conteúdo do texto a ser lido

Lembrando que, dentre as estratégias básicas de leitura, está a de construir significados com base na leitura prévia de indicadores dos mesmos, a escola não poderá deixar de criar situações nas quais a expectativa do conteúdo favoreça sua leitura, tal como nas situações de leitura funcional, nas práticas sociais.

A escola poderá, assim, aproveitar as situações de leitura motivada para:

- inferir o gênero textual pela observação do seu suporte material, basicamente respondendo à questão: *"O que deve estar escrito aqui?"* Utilizar, para tanto, os mais variados portadores de texto: livros de história, catálogos comerciais, cartas, livros informativos, jornais (com seus diferentes cadernos) e muitos outros;

- explorar outros índices de sentido: ilustrações, desenhos e fotografias, títulos, presença ou não do nome do autor, índices, página de rosto... buscando respostas para as questões: *"O que deve estar escrito no texto com tal título?"; "O que deve estar escrito no texto que acompanha determinada ilustração?";*

- buscar indicadores de significado na exploração da própria escrita alfabética, levantando hipóteses com base na observação do tamanho das letras, dos sublinhados, dos espaços, dos sinais de pontuação etc, respondendo, dentre outras, questões do tipo: *"por que será que na capa do livro essas letras estão em tamanho maior?"*

Lendo apenas "com os olhos"

Criar situações nas quais o leitor aprendiz, quer seja ele uma criança das classes de Educação Infantil ou dos anos iniciais do Ensino Fundamental, possa interagir com o texto escrito, individual e silenciosamente, com autonomia para dirigir o movimento de seus olhos, a velocidade dessa exploração, os saltos e as fixações, conforme suas próprias motivações.

Convém lembrar, mais uma vez, que a rede de pensamentos que acompanha a chegada das informações visuais ao cérebro fica enormemente prejudicada quando o sujeito estiver condicionado ao hábito de oralizar os sinais gráficos da escrita. O desperdício de energia torna-se explícito no decréscimo quantitativo e qualitativo do rendimento da leitura.

É evidente que, muitas vezes, a criança vocaliza as sílabas da palavra a fim de confirmar sua hipótese de sentido, o que é compreensível e aceitável, não apenas no comportamento dos aprendizes, como também no dos leitores adultos. Entretanto, isso não se confunde com o hábito da silabação, característico das metodologias tradicionais de alfabetização.

Assim, estimular a **leitura visual** não **oralizada**, significa:

- favorecer, sempre que possível, a criação de um ambiente de leitura: espaço especialmente destinado a esse fim, com variados portadores de textos e condições que possam, confortável e silenciosamente, predispor o corpo para um momento especial de concentração;

- criar desafios para que as crianças leiam com os olhos, comentando a seguir o que leram. Essas situações são facilitadas quando o texto a ler lido se encontra no seu suporte material (notícia no próprio jornal, por exemplo). De forma semelhante, quando a proposta for a leitura de palavras isoladas é fundamental que as mesmas sejam contextualizadas pelo professor e façam parte de uma "unidade de sentido" ("são nomes de alunos da nossa turma", "são nomes de frutas que usaremos para fazer nossa salada"...);

- inventar jogos e brincadeiras nos quais, em pequenos grupos, cada um sorteia a palavra a ser lida, visível por todos, que naturalmente a lerão em silêncio a fim de não favorecer a jogada do outro.

A função social da "leitura em voz alta"

A valorização do tratamento silencioso do texto,

historicamente conquistado pela expansão das funções da linguagem escrita no mundo moderno, e presente na quase totalidade dos atos de leitura funcional no cotidiano do sujeito, pode levar a conceber a leitura em voz alta como prejudicial à construção da competência como leitor.

Por isso, convém deixar claro que essa proposta metodológica alternativa condena a estimulação, pela escola, da leitura com passagem obrigatória pelo oral e como subterfúgio para se chegar ao sentido. Por outro lado, considera de fundamental importância o resgate, também pela escola, da transmissão vocal de um texto preexistente, como uma forma de comunicação, dentre outras.

Este trabalho voltado para a **função social da leitura em voz alta** poderá acontecer, na escola, de várias formas:

a) Transmissão oral do texto escrito

Nesse caso, passa a existir um movimento simultâneo da produção e da transmissão da leitura. Considerando que o leitor aprendiz está ainda em processo de construção de suas estratégias de leitura visual, são evidentes suas dificuldades em ler um texto desconhecido, com fluência e expressão do sentido. Por isso, algumas ações pedagógicas podem ajudá-lo nessa conquista:

- motivar a criança a ler em voz alta pequenos textos por ela produzidos: contos, adivinhações, rimas, títulos, diálogos para os balões de histórias em quadrinho etc. Nesse caso, ela irá ler para outros que desconhecem o conteúdo a ser apresentado – o que pode garantir um interesse muito maior do que aquele geralmente demonstrado pela leitura dos enfadonhos textos didáticos das cartilhas, já conhecidos de todos. Convém notar que o fato de o sentido ter sido produzido pelo próprio sujeito facilita, enormemente, a leitura comunicativa do mesmo;

- praticar a "leitura preparada" de textos da autoria de outra pessoa:

- estimular a criança a preparar, para ler para a classe, textos cujo conteúdo gostaria de mostrar aos colegas: notícias, informações ou qualquer outro texto presente nas práticas sociais. Preparar a leitura, nesse caso, não deve carregar o desprazer do "dar a lição" da escola tradicional, desprazer este fortemente presente na lembrança dos adultos. Significa, outrossim, com a ajuda de um adulto, compreender o sentido e experimentar transmiti-lo pela voz, consciente de que o objetivo é conseguir a compreensão dos ouvintes;

- ler em voz alta e gravar, avaliando possibilidades de melhoria da leitura:

- situação interessante surge quando se estimula aqueles que já possuem algum desempenho em leitura, a criar textos, geralmente histórias, para gravá-los e presentear as classes de crianças mais novas, enriquecendo a leitura oral com os recursos de sonoplastia. Com os atuais recursos tecnológicos, vale, também, gravar essa leitura em audios ou videos, ou mesmo simulando um *podcats;*

- criar um jogral, com as crianças lendo conjuntamente ou em pequenos grupos, textos literários previamente escolhidos, compreendidos e admirados; o mesmo poderá acontecer, como um canto coral, com variadas letras e melodias;

- preparar *jogos simbólicos* de programas de TV: noticiários, propagandas comerciais e outras ações que têm o texto escrito como referencial e sugerem uma leitura preparada, clara e agradável.

Ações coletivas com base no texto escrito

Tão importante quanto o ato de ler, transmitindo ao outro conteúdos do escrito que ele não possui, é o de compartilhar ações dialógicas que têm, como referência o que foi produzido em linguagem escrita.

Para tanto, alguns comportamentos são particularmente interessantes:

Desempenhando os papéis de comentarista, crítico e revisor

- Oportunizar discussões e debates sobre os diferentes textos lidos em classe, não se limitando às tradicionais perguntas didáticas, que não vão além da verificação da capacidade da memória em reter nomes de personagens (reais ou fictícios), locais etc.

  Discutir, nessas situações, significa basicamente um comportamento de trocas acerca de aspectos que chamaram a atenção, de articulação com experiências e conhecimentos anteriores, mediados de forma democrática pelo professor. Por outro lado, debater significa contrapor pontos de vista, justificando-os. Embora o debate seja uma atividade essencialmente argumentativa, com exigências cognitivas de raciocínio, nada impede que exercícios dessa natureza sejam iniciados com sujeitos de 6 ou 7 anos, no aprendizado de sua cidadania;

- comparar criticamente, expondo o seu ponto de vista ao grupo:

- parágrafos de um mesmo conto de fada em duas versões; diferentes formas de se iniciar ou terminar esses mesmos contos, dois poemas sobre o mesmo tema, a mesma notícia apresentada em jornais diferentes etc. É indiscutível a importância dessas atividades, no sentido de se formar, nesses leitores, muito mais do que a competência alfabética, no sentido restrito do termo;

- criar propostas coletivas de revisão de textos, basicamente resolvendo a questão: *"como pode ser reescrito para ficar melhor?"*;

- agir inteligentemente sobre os textos das cartilhas, caso este material ainda exista no ambiente da sala de aula. Tais textos poderão passar pelos mesmos processos de leitura, análise do conteúdo e reflexão que os demais. É interessante notar que tais situações costumam levar as crianças a perceber claramente as diferenças dos mesmos em relação aos materiais gráficos presentes nas práticas sociais. Caso haja interesse do grupo, esses textos, cuja pobreza linguística é evidente em todos os sentidos, poderão ser reescritos – o que não deixa de ser um exercício interessante de produção.

Expressão oral do texto escrito "memorizado"

As práticas socias que incluem esse tipo de transmissão oral do texto escrito estão, geralmente, vinculadas ao campo da arte, de modo especial às atividades cênicas. Seu resgaste, nas práticas escolares, poderá acontecer de variadas formas, tais como:

- no jogo dramático, com memorização de pequenos textos produzidos pelos próprios alunos, ou de textos previamente escritos para esse fim. Nesse último caso, não se pode descartar o risco de que a extensão do texto a ser memorizado, o cansaço na repetição dos ensaios e a formalidade da apresentação pública desviem o real objetivo dessa atividade, transformando-a numa situação geradora de tensão, que, nesse caso, se aproxima do rigor avaliativo das "lições de leitura" da escola tradicional;

- atividades nas quais cantigas, poemas, parlendas, jogos e brincadeiras folclóricas são apresentados, de forma lúdica e prazerosa, com referência no texto escrito, previamente compreendido e memorizado.

CONSIDERAÇÕES FINAIS

Face às diferentes contribuições acerca da leitura, nas quais apoiamos as reflexões aqui apresentadas, e da certeza de não as termos esgotado, ficam presentes algumas conclusões, às quais pudemos chegar, de modo especial, ao relacionarmos tais contribuições com nossas concepções pessoais e os dados da pesquisa com os professores alfabetizadores.

Em primeiro lugar, acreditamos que a leitura tornou-se, hoje, uma ferramenta indispensável à vida em sociedade. O sucesso escolar, o sucesso profissional, a liberdade e a ascensão social, bem como a autonomia do cidadão, dependem, em grande parte, da capacidade de leitura.

Nesse sentido, as diferentes funções da linguagem escrita no mundo moderno propiciam leituras multiformes, adaptadas às intencionalidades diversas, o que representa, de alguma forma, a melhor resposta encontrada pelo sujeito a uma determinada situação dessa natureza. Existe, assim, um projeto atrás de cada leitura, motivado pelas mais variadas situações do cotidiano, associadas às necessidades psicológicas, sociais e culturais do sujeito.

Esses numerosos projetos de leitura exigem, basicamente, uma capacidade de orientação no universo da linguagem escrita, ou seja, uma capacidade de adaptação da própria conduta aos diferentes portadores de texto, com seus códigos e sua função social. Por outro lado, o sucesso nesses projetos exige, também, determinadas competências linguísticas e semióticas, sem as quais não poderá ocorrer a construção do sentido. Assim, o que permite inferir sobre a eficácia da leitura é, exatamente, a realização, com sucesso, do projeto que a provocou.

Por isso, entendemos que a leitura é algo inseparável da compreensão, princípio que sustentamos ao longo de todo este trabalho. E, ainda, que essa interação básica deverá ser garantida desde os primeiros contatos da criança com a linguagem escrita, uma vez constatado que, embora difícil de ser explicada, a leitura é fácil de ser aprendida, desde que seja percebida pelas crianças como atraente e necessária.

Além disso, estamos convencidos de que a leitura, até há aproximadamente três décadas, não se constituiu em objeto de investigação científica da maioria dos estudiosos brasileiros. Limitada ao interesse dos pedagogos, a leitura, assim como a escrita, foi concebida como uma disciplina escolar de natureza puramente instrumental, que exigia como pré-requisito para sua aprendizagem as discriminações visuais e auditivas e habilidades motoras.

Mais recentemente, a aprendizagem da linguagem escrita passou a fazer parte do domínio acadêmico, sendo amplamente pesquisada por estudiosos de diferentes áreas do conhecimento. Saindo dos círculos fechados das universidades, tais estudos vêm sendo amplamente divulgados, sob a forma de publicações diversas e em eventos científicos, atingindo, assim, os educadores.

Nesse contexto, temos buscado compreender em que medida as teorias construídas nos meios acadêmicos têm sido assimiladas pelos professores alfabetizadores e quais os reflexos dessa assimilação na sua prática pedagógica.

Entendemos que, embora exista, no momento presente, uma consciência social crescente da importância da educação básica e do papel da alfabetização nesse processo, a distância entre a teoria e a prática pedagógica não diminuiu significativamente, muito embora houvesse aumentado a consciência da necessidade de se compreender e de se buscar formas de aplicação dos resultados desses estudos ao ensino.

A pesquisa que realizamos com os professores alfabetizadores pôde confirmar este nosso pensamento. Muitos dos professores que constituíram nossa amostra têm passado por cursos de capacitação e todos eles possuem, no nível de ensino médio ou superior, "formação em educação".

Entretanto, suas respostas puderam revelar, de

forma bastante clara, a confirmação de nossa hipótese, ou seja, a de que, ainda nos dias atuais, os professores, em sua maioria, ensinam a ler através de procedimentos que estimulam a vocalização dos sinais gráficos da escrita, levando à produção de uma leitura silabada, desinteressante e pouco compreensiva, na fase inicial do processo de alfabetização.

Ao longo deste estudo tivemos a oportunidade de apresentar argumentos históricos, psicolinguísticos e metodológicos a favor de uma prática alternativa de ensino da leitura. Acreditamos que muito do fracasso escolar, com as consequências sociais dele decorrentes, poderá ser evitado com uma mudança nas práticas educativas, calcada numa nova concepção de leitura pelos educadores.

O enfoque metodológico explicitado ao longo de nossas reflexões não significa um desconhecimento de que a questão da alfabetização extrapola os limites da escola, e que está, também, diretamente ligada à situação política e econômica do país.

Nosso objetivo principal foi o de trazer uma contribuição a um campo multifacetado do conhecimento, com a intenção de favorecer mudanças nas práticas pedagógicas. Não podemos aceitar que, nos dias de hoje, a escola continue desconhecendo que o que fazemos como leitores fora da escola é o que menos se faz dentro da escola.

Estamos, também, convencidos de que os tempos de busca do "método milagroso" de alfabetização terminaram como a conhecida parlenda do *"Cadê o toucinho que estava aqui?"*, isto é, *"por aqui... por aqui... por aqui..."*, ou seja, em lugar algum.

Resta, pois, acreditar, em primeiro lugar, que a ação docente é sempre um exercício de tomada de decisões. E para que haja eficácia nas tomadas de decisões voltadas para o ensino da leitura, não bastam os passos e as prescrições de um método de alfabetização, registrados em uma cartilha ou em um outro recurso didático que possa dar a ilusão de mudanças significativas nessa prática.

É necessário que sejam compreendidos o objeto do conhecimento que se está oferecendo às crianças e o processo através do qual se dá a sua assimilação por esse sujeito.

Assim, de pouco valem os métodos aplicados para sujeitos desconhecidos a favor da apreensão de um objeto do conhecimento, também desconhecido. O resultado desse processo, já bastante evidente para nós, aparece como fracasso oficializado, na repetência e na evasão escolar, e, de uma forma velada, no fracasso dos alfabetizados não letrados, nas situações funcionais do mundo moderno.

Por isso, não deve ser causa de decepções e de

ansiedade para os educadores, o fato de as pesquisas atuais demonstrarem, claramente, a impossibilidade de se encontrar um método de instrução que dirija os progressos da criança no aprendizado da leitura, muito embora seja possível especificar, em bases científicas, condições sob as quais esse processo pode ser facilitado ou dificultado. Tais condições, abordadas ao longo deste trabalho, podem ser inseridas nas condições gerais de qualquer aprendizagem: a oportunidade para gerar e testar hipóteses em um contexto significativo.

O aprendizado da leitura não exige habilidades visuais ou motoras, nem estruturas de pensamento que não possam estar presentes em outras aprendizagens. Essas condições gerais, quando direcionadas para práticas sociais nas quais a criança pode perceber, no comportamento dos adultos, a utilidade e a satisfação geradas pelo domínio de determinado conhecimento, resultam naturalmente em motivação para as aprendizagens eficazes e duradouras.

Assim aconteceu com a criança em relação ao aprendizado da linguagem oral; assim poderá se repetir nas práticas escolares, com o domínio da linguagem escrita, sempre que a escola puder organizar, no seu interior, um rico ambiente de letramento.

Finalmente, cabe lembrar que todo ato de leitura é sempre acompanhado de emoções, quer sejam elas de curiosidade, interesse, excitação, consolo, alegria ou paz, quer sejam de ansiedade, medo ou aborrecimento. Em decorrência do envolvimento nessa gama e profundidade de emoções, as atitudes relativas à leitura podem tornar-se habituais, o que pode fazer com que a leitura seja desejada ou indesejada.

Assim, as reflexões que hoje são feitas, em todo o mundo, acerca da aprendizagem da leitura, vão além do "como ensinar a ler", abrangendo com especial atenção o "como ensinar a gostar de ler", o que leva a crer que nenhum procedimento de intervenção pedagógica no processo de leitura é inconsequente.

BIBLIOGRAFIA

BAJARD, Elie. *Ler e dizer – Compreensão e comunicação do texto escrito*. São Paulo, Cortez, 1994.

BARBOSA, José J. *Alfabetização e leitura*. São Paulo, Cortez, 1990.

BETTELHEIM, Bruno e ZELAN, Karen. *Psicanálise da alfabetização – Um estudo psicanalítico do ato de ler aprender*. Porto Alegre, Artes Médicas, 1984.

BORGES, Teresa M.M. *A criança em idade pré-escolar*. São Paulo, Ática, 1994.

CAGLIARI, Luiz C. *Alfabetização & lingüística*. São Paulo, Scipione, 1989.

CHARMEUX, Eveline. *Aprender a ler: Vencendo o fracasso*. São Paulo, Cortez, 1994.

FERREIRO, Emília. *Reflexões sobre a alfabetização*. São Paulo, Cortez, 1985.

__________. *Alfabetização em processo*. São Paulo, Cortez, 1986.

__________. *Os filhos do analfabetismo – Proposta para a alfabetização escolar na América Latina*. Porto Alegre, Artes Médicas, 1990.

__________. *Com todas as letras*. São Paulo, Cortez, 1992.

FERREIRO, Emília e PALACIO, Margarita G. (orgs.). *Os processos de leitura e escrita – Novas perspectivas*. Porto Alegre, Artes Médicas, 1987.

FERREIRO, Emília e TEBEROSKY, Ana. *Psicogênese da língua escrita*. Porto Alegre, Artes Médicas, 1985.

FOUCAMBERT, Jean. *A leitura em questão*. Porto Alegre, Artes Médicas, 1989.

FRAGO, Antonio V. *Alfabetização na sociedade e na história*. Porto Alegre, Artes Médicas, 1993.

FRANCHI, Eglê P. *Pedagogia da alfabetização – Da oralidade à escrita*. São Paulo, Cortez, 1989.

GOLBERT, Clarissa S. *A evolução psicolingüística e suas implicações na alfabetização – Teoria, avaliação, reflexão*. Porto Alegre, Artes Médicas, 1988.

GOODMAN, Kenneth. "O processo de leitura: Considerações a respeito das línguas e do desenvolvimento". *In:* FERREIRO, E. e PALACIO, M.G. (orgs.). *Os processos de leitura e escrita – Novas perspectivas*. Porto Alegre, Artes Médicas, 1987.

GRAFF, Harvey J. *Os labirintos da alfabetização – Reflexões sobre o passado e o presente da alfabetização*. Porto Alegre, Artes Médicas, 1994.

HARSTE, Jerome C. e BURKE, Carolyn L. "Predibilidade: Um elemento universal em lectoescrita". *In:* FERREIRO, E. e PALACIO, M.G. (orgs.). *Os processos de leitura e escrita – Novas perspectivas*. Porto Alegre, Artes Médicas, 1987.

HAUSER, Arnold. *História social da literatura e da arte*. São Paulo, Mestre Jou, 1972, vol. 2.

JOLIBERT, Josette. *Formando crianças leitoras*. Porto Alegre, Artes Médicas, 1994a.

________. *Formando crianças produtoras de textos*. Porto Alegre, Artes Médicas, 1994b.

KATO, Mary. *O aprendizado da leitura*. São Paulo, Martins Fontes, 1985.

KLEIMAN, Angela B. (org.). *Os significados do letramento – Uma nova perspectiva sobre a prática social da escrita*. Campinas, Mercado de Letras, 1995.

MACHADO, Izaltina de L. *Educação Montessori: De um homem novo para um mundo novo*. São Paulo, Pioneira, 1980.

MARCUSCHI, Luiz A. "Leitura e compreensão do texto falado e escrito como ato individual de uma prática social". *In:* ZILBERMAN, R. e SILVA, E. (orgs.). *Leitura – Perspectivas interdisciplinares*. São Paulo, Ática, 1988.

OLIVEIRA, Marta K. *Vygotsky: Aprendizado e desenvolvimento – Um processo sócio-histórico*. São Paulo, Scipione, 1993.

ORLANDI, Eni P. "O inteligível, o interpretável e o compreensível". *In:* ZILBERMAN, R. e SILVA, E.T. da (orgs.). *Leitura – Perspectivas interdisciplinares*. São Paulo, Ática, 1988.

PIAGET, Jean. *A linguagem e o pensamento da criança*. Rio de Janeiro, Fundo de Cultura, 1961.

________. *Psicologia e pedagogia*. Rio de Janeiro, Forense, 1970.

________. *A epistemologia genética*. Petrópolis, Vozes, 1971.

PIAGET, Jean e INHELDER, Bärbel. *A psicologia da criança*. São Paulo, Difel, 1980.

RIZZO, G. *Os diversos métodos de ensino da leitura e da escrita: Um estudo comparativo*. Rio de Janeiro, Papelaria América Editora, 1986.

SILVA, Ezequiel T. da. *O ato de ler: Fundamentos psicológicos para uma nova pedagogia da leitura*. São Paulo, Cortez, 1987.

SILVA, Ezequiel T. da e ZILBERMAN, R. "Pedagogia da leitura: Movimento e história". *In:* ZILBERMAN, R. e SILVA, Ezequiel T. da (orgs.). *Leitura – Perspectivas interdisciplinares*. São Paulo, Ática, 1988.

SMITH, F. *Compreendendo a leitura – Uma análise psicolingüística da leitura e do aprender a ler*. Porto Alegre, Artes Médicas, 1989.

SMOLKA, Ana L. *A criança na fase inicial da escrita – A alfabetização como processo discursivo*. São Paulo, Cortez, 1989.

SOARES, Magda B. *Linguagem e escola – Uma perspectiva social*. São Paulo, Ática, 1986.

________. "As condições sociais da leitura: Uma reflexão em contraponto". *In:* ZILBERMAN, R. e SILVA, E.T. da (orgs.). *Leitura – Perspectivas interdisciplinares*. São Paulo, Ática, 1988.

________. *Alfabetização no Brasil – O estado do conhecimento*. Brasília, Inep/Reduc, 1991.

TEBEROSKY, Ana. *Aprendendo a escrever – Perspectivas psicológicas e implicações educacionais*. São Paulo, Ática, 1994.

TEBEROSKY, Ana e CARDOSO, B. *Psicopedagogía del lenguage escrita*. Barcelona, Ediciones IME, 1989.

TFOUNI, Leda V. *Letramento e alfabetização.*São Paulo, Cortez, 1995.

VYGOTSKY, Lev S. *A formação social da mente*. São Paulo, Martins Fontes, 1989a.

________. *Pensamento e linguagem*. São Paulo, Ícone/Edusp, 1989b.

YUNES, Eliana (org.). *A leitura e a formação do leitor: Questões culturais e pedagógicas*. Rio de Janeiro, Antares, 1981.

ZILBERMAN, Regina (org.). *Leitura em crise na escola: As alternativas do professor*. Porto Alegre, Mercado Aberto, 1982.

ZILBERMAN, Regina e SILVA, Ezequiel T. da. "Leitura: Por que a interdisciplinaridade?". *In*: ZILBERMAN, Regina e SILVA, Ezequiel T. da (orgs.). *Leitura – Perspectivas interdisciplinares*. São Paulo, Ática, 1988.

www.ingramcontent.com/pod-product-compliance
Lightning Source LLC
LaVergne TN
LVHW010530200726

843506LV00013B/2774